村中李衣 著

保育をゆたかに 絵本で コミュニケーション

かもがわ出版

CONTENTS

1

絵本に深く向きあう 9

2

あなたの声で読む 23

★本書では、書誌情報は原則として表紙の表記を採用しています。
　本書に掲載の絵本が、品切れや絶版の場合は、図書館などをご利用ください。

3

絵本のいろいろを知る 49

4

絵本とともに育つ春・夏・秋・冬 61

コラム •••••••••

5

きょうから役立つ Q&A 79

保育の場面に生かす
ブックガイド 93

- カバー・本文イラスト　すがわらけいこ
- カバー・本文デザイン、DTP　青山 鮎

絵本といっしょに大きくなる

あなたらしい絵本の読みあいを

　カバンの底に、モノクロの写真が1枚。小さな部屋のまん中に置かれたこたつで、3歳くらいの私が得意そうに絵本を読んでいる写真です。絵本をめくりながら自分の丸い顔を傾け、唇を突き出して、何か楽しげに歌っています。

　目を凝らすと、ページの中では、花咲かじいさんが木の上から、そうれと灰をまき、空一面花びらが踊っています。

　確かこれは、駅で買ってもらった安価なダイジェスト版の昔話絵本です。そこに私が歌えるような曲などついていなかったはずですが、幼い私の心は花咲かじいさんのもとへと飛び、満開の桜に酔うようなメロディが心の内側からわき出ていたのでしょう。向かいに座っている母は、私の唇からもれ出るその歌をすくい取ろうとするかのように、おだやかで明るい表情をしています。

　ちょっと驚きました。私の記憶のなかでは、叱られ叱られの連続で怖いばかりだった母が、こんなに優しい表情をして私を見つめていただなんて。それに、父は子育てにまったく無関心で、いつなんどきも母とふたりだけでやり過ごしてきたと思っていたのに、こんな写真が残っているということは、この場には父もいて、シャッターを押したということですよね。おそらく、いいなと思って……。

　家族の関係について、いつも何かが欠けているような気がしていた私の幼少時代ですが、実は絵本をまん中に、しあわせを共有していた瞬間もあったのだと思うと、なつかしさに胸が熱くなります。

　絵本のいのちは、絵本を開き、声に出して読む人、聞き入る人にゆだねられています。
　作者や出版社が練りに練った作品であろうと、どんなに芸術性が高かろうと、評論家に絶賛されようと、人との出会いに恵まれなかったら、絵本のいのちは閉じられたまま

です。保育園、こども園、幼稚園といった場所は、絵本がいちばんいきいきするところ。ちいさな人たちが、自分のいのちに照らして絵本と結びあう瞬間は、ひとりずつひとつずつ違っていて、どれも愛おしい。

　そんなに大切なものならなおさらのこと、どうすれば現場でじょうずに絵本と子どもの橋渡しができるのか、その方法を手っ取り早く教えてよと、保育者のみなさんがお考えになるのは無理からぬことです。できれば、その「知りたい」に応えたいなと思って、この本をつくったことも事実です。

　でも……、です。「こう選んでこう読めばうまくいく」のではなく、「こう選んでこう読むつもり」が、「あらら、きょうはこんなふうになっちゃった」のなかにこそ、保育コミュニケーションのいちばん大事なものが隠れているとも思うのです。

　子どもとともに読みあうから、仲間もいてくれる場だから、保育者がひとりであれこれ考え、ひとり絵本をめくって読みの練習をしているときより、ずっとずっと楽しい。みんなでいっしょに大きくなる場だから、絵本のお楽しみも大きくなる。

　すてきなことじゃありませんか。

　絵本もやっぱり、保育の現場で育っていくのです。

　どうか、この本でお伝えする絵本の心や絵本の力やコミュニケーションの手がかりとする方法を学んだうえで、「読んで読んで！」と目を輝かせている子どもたちといっしょに、とびきりの、あなた自身の絵本の読みあいオリジナルレシピをつくってください。

　「あのとき、こんな絵本を読みあったっけなぁ」という幸福な記憶は、子どもたちがおとなになっても、きっと忘れないはず。絵本の題名や主題はおぼろげになったとしても、夢中になったときめき、いっしょに育っていくわくわく感、伝えつながりあうやすらぎ——それらは、ちいさな子どもたちが、人生を歩んでいく心の種になっていくことでしょう。

　絵本でコミュニケーション、保育者の魅力ある仕事のひとつです。

子どもと子ども、子どもと保育者をつなぐ「読みあい」

　子どものために、という声が大きく聞こえるとき、あるいはそう強調するときはちょっと要注意です。子どものためなんだから、しっかり言って聞かせなきゃ。子どものためなんだから、嫌だけどがんばってやる……こういうときは、顔も心も笑っていませんよね。

　虫歯予防のための絵本。英語を覚えるための絵本。平和教育のための絵本。トイレ教育のための絵本。みんなが仲よくなるために。自然と親しむために。制作側も選ぶ側のおとなも、明確な目的のために絵本を取り扱うことは、意外に多いものです。それを否定するつもりはありませんが、こうした「教材」として絵本を読むとき、聞き手側にも読み手側にも心の広がりは期待しにくいでしょう。「教材」を介したコミュニケーションは、ゴールを見定めたふくらみのない問答になりかねないのです。

　せっかく、豊かな可能性のある子どもと絵本の出あいのチャンスが、もったいないですよね。

　保育場面での絵本読みは、「ために」とは無縁の世界にあってほしい。絵本をまん中にどんな方向にも心を広々と伸ばせるコミュニケーションを楽しむ、そのことを第1に考えてほしいのです。読み方とか選書眼とか環境設定というような手法や技術は、その心持ちあってこそ上達するものです。

　子ども同士、子どもと保育者、子どもと絵本のなかの登場人物、だれかとだれか……絵本を楽しみながらの自由な心の響きあいを大切にしたい——ですから、本書では「読み聞かせ」でなく「読みあい」という表現を用いて考えていこうと思います。

　　　　　　　　　草木の芽吹きに新しいいのちを感じる春

　　　　　　　　　　　　　　　　　　　　　　　　　　村中李衣

1

絵本に深く向きあう

① 絵本を読むということ

「絵本の読み聞かせ」は、子どもに関わるあらゆる場所で大事にされています。大学や短大、専門学校などでも、保育士・幼稚園教諭をめざす学生に向けてのカリキュラムのなかには必ず〈絵本との関わり〉を学ぶことが組み込まれています。私が勤める大学でも「児童文化論」という授業のなかで、あるいは「児童文学」という授業のなかで、絵本について学ぶ時間がしっかり用意されています。

　絵本って、確かに読んでいて楽しいけれど、そんなに大事なものなの？　絵本に書いてあるようなことって、実際の生活体験のなかで学んだほうがずっとリアルに子どもの生きる力に結びつくんじゃないの？　就学前に一通り文字を覚えたり集中力をつけるっていうことなら、今はそういう幼児教育アプリがたくさん開発されているし、おとなと子どもの心のふれあいが生まれるって言うんなら、だっこしたり、いっしょに手をつないで散歩したり、おでこをくっつけあったりっていうように、スキンシップを図れば十分なんじゃないの？　無理に絵本にこだわらなくてもいいんじゃないの？　こんな素朴な疑問をもったことはありませんか。

　なんとなく「絵本の読み聞かせは、子どもの成長にいい」らしいから、どうせやるなら「ちょっとでもじょうずに読み聞かせしたい」と思っているあなたに、絵本といっしょに味わえるもっと深くて広い世界を知ってもらいたいと思います。

幼い日の息子の言葉

　もう30年近く前のことです。アトピー性皮膚炎のひどかった息子のために、私はかなり厳しい食事管理をし、息子のやることなすことすべてに神経質な目を光らせていました。牛乳・卵の入ったものを口に入れないように外で購入する食品はすべて成分表示をチェックしました。皮膚を鍛え免疫力を高め呼吸器を強くするようにと、乾布摩擦やマラソン、なんでもなりふりかまわずやりました。家のごはんは、ひえ、きび、あわ、芋、うどんのローテーション。肉は牛も鶏もだめだからブタにウサギにカンガルーの肉。

　幼稚園の給食は、1か月間の献立表を事前にもらって、ほぼ同じメニューをアレルギー成分を抜いて毎日自宅で作る。今のように園で除去食を作ってもらえる環境はな

かったので、コッペパンもかまぼこも誕生ケーキも、なんでも作りました。遠足では、園から配られるお菓子を前日に入手し、同じパッケージの中によく似たものを作って入れ替えるというようなことまでやりました。「おたくのお子さんはアレルギーの横綱で、うっかりすると、アナフィラキシーショックを起こしかねません」と医者から言われれば、新米の母親としては、どうしたって神経質になってしまうものです。

　ところが、ある朝、畑の前の道に立ち、いつものように息子をシャツ1枚で走らせていると、近所の農家の女性が、竹ざるいっぱいのお豆をわが家にもってきてくださいました。

「あんたんとこのちっこいぼうやも、これなら食べれるやろ。ツタンカーメンのお豆っていうてね、栄養あるのよ。親はあんまりキビキビ子どものことを見張るより、食べるときは楽しくいっしょに食べんとねえ」

　なぜ、わが家の事情をこんなにも詳しくご存じなのかと首をかしげましたが、おいしそうなお豆は、ありがたくいただきました。その晩、早速にツタンカーメンの豆ごはんを炊きました。ひえの薄黄色のご飯のあいだから顔をのぞかせる緑色のプチプチしたお豆。たいそうおいしかった。息子も喜んで食べました。そして翌日、炊飯ジャーのふたを開けてびっくり。緑だったお豆が紫色に変わって、おまけに、お豆の色素が移ったのでしょう。ひえごはんの薄黄色が赤く染まり、まるでお赤飯です。これを見たら息子はきっとびっくりするはず。その顔を思い浮かべ、ひとりにっこり。さて、私に抱っこされ、炊飯ジャーの中をのぞいた息子は、いったいなんと言ったと思いますか？

「わぁ〜、まほうみたい！」「信号機みたい」「だれかが色を塗り替えたの？」

　……いいえ、どれも違います。

　息子は目をまんまるくして、叫びました。

「すごい。みどりだったんが、赤に変わっちょる。かあさん、あしたは、何色に変わるんかなぁ」

子どもはいつもそこがゼロ地点

　幼い子どもにとって、緑から赤に変わることは、Aに始まりBに終わることではないのですね。AからBに変わったら、次はBからCに変わる。紫色に変わったきょうのお豆は帰着点でなく、新しいゼロ地点なのですね。きょうはいつでも、新しいなにか

が始まる場所。

　子どもがおとなにかざして見せてもらう絵本の表紙。これは、新しい物語が始まるゼロ地点です。読み終わってもう1度表紙を見せることは、次にこの絵本を開くときのゼロ地点を確認する作業でもあります。「またおんなじ物語を読む」のではなく、「きょうはどんな物語と出会うかな」というまっさらな旅への期待を、読む人と聴く人のあいだで味わえるのが、絵本の魅力のひとつです。

　ある日、街角でこんな光景に出会いました。おしゃれなお店のウィンドウに飾ってあった『きつねのホイティ』（シビル・ウェッタシンハ さく、まつおか きょうこ やく、福音館書店）という絵本を眺めながら、かっこいい青年がガールフレンドにつぶやいたのです。

　「なっつかしいなぁ。こいつほんとにいたずらものでさ。おれ、この絵本読んでもらうたびに、今度こそ、いいやつになってるんじゃないか、って考えてたんだよな。でも、毎回、こいつやっぱりいたずらしちまってたんだよなぁ」。それを聞いて彼女は、うふふっと笑って、「そっか。じゃあ、あたしがその本、買ってあげる」。

　なんてほほえましい！　彼のなかでは、これからもページをめくるたび、新しいドキドキが待ち受けているでしょう。

　「絵本を読む前、しっかりと表紙を見せましょう」「読み終わったら、もう1度表紙を見せましょう」という絵本読みの約束ごとには、実はこんな意味もあったのです。

新しい自分に出会う

　勤め先から、山口の実家にもどるため、いつものように、岡山駅の新幹線ホームに立っていました。連休前で、いつもより家族連れがめだちます。

　私の前に並んでいるのは、赤ちゃんを抱っこしたおかあさんと、2歳くらいの男の子の手を引いたおとうさん。赤ちゃんは、くたんと身体をおかあさんにあずけ、気持ちよさそうに眠っています。おにいちゃんのほうは青いちいさな長靴でホームの白線をぴょんぴょん踏みつけ、興奮ぎみ。

　そのうち、「まもなく、22番ホームに博多行きのぞみ41号が到着いたします」と、かしこまったアナウンス。線路のかなたに白い物体の気配がかすかに光りました。

　「お、きたぞきたぞ。ゆうくん、新幹線きたぞ」。おとうさんが、息子をさっと抱え上げ、耳元でささやきました。つられて私も、やってくる新幹線のほうを見ました。

　見慣れた新幹線のぞみの先頭車両が、ゆっくりこちらに近づいてきます。

　すると、おとうさんの腕の中の息子が、「かわいいねぇ～。しんかんせん、かわいいねぇ～」。まるで、子猫や子犬を愛撫（あいぶ）するような、甘いうっとりした声。

　え、かわいい？　一瞬首をかしげましたが、言われてみれば、のぞみの先頭部分は、ちょっと間のびしたアヒルさん顔ですよね。

　そうか、白くてまるみを帯びていて、こっちに向かって動いてくるものは、幼い彼にとって、みんなかわいいんだ。「わんわん」、もしくは「にゃーにゃ」と同じ部類のかわいい生き物なんだ、と納得。

　ところが、事態はまもなく急変しました。私たちが立っていたのは11号車乗車口だったのです。つまり、かわいいはずの「しんかんせん」は、1号車から始まり、すさまじい振動と轟音（ごうおん）を引き連れ、ぼうやの目の前を通り抜けていったのです。さっきまでの満面の笑みは完全に消え去り、彼は茫然（ぼうぜん）とした表情で、新幹線の車体を見送りました。自分の内側に取り込んだばかりの認識世界が、がらがらと崩れ落ちる瞬間を見た思いがしました。子どもはこんなふうに、何度も何度も衝撃的な認識の塗り返しを重ねて「あたりまえ」の世界に入っていくのですね。

　絵本の世界にゆっくりと入っていくということは、こうした「あたりまえ」の世界に入る前の認識の塗り替えを、くり返しくり返し行っていくことでもあります。ページをめくるということは、そこに待ち受けている新しい世界に身を投じるということ。そして、また次のページをめくるということは、また新しい世界に身を投じるということ。そうやって、最後のページまでたどり着いたとき、子どもたちが思わずもらす「ふうっ」というため息は、彼らがもうその絵本を開く前の彼らと同じではないことに気づき、その違う自分を引き受けるひそかな合図なのかもしれません。

別れることを知る 🌳

　大学から歩いて15分くらいのところに、私の仮住まいのアパートがあります。大学の門を出て古くからある商店街を通り抜けると、あとは、静かな静かな木造建ての家々が並ぶばかりです。

　ああ、きょうはえらく仕事が立て込んでたなぁ～とか、実習でへこたれてた学生たちの話を、もう少しゆっくり聞いてあげればよかったのかなあ、とか、いろんなことを思

いながら、その道を歩いて帰ります。

　道路わきの小さな畑で、実りが遅れたトマトが、ぷらんと頭を垂れている。その横で、まっ赤っかなケイトウが、開きすぎた頭をかすかな風に揺らしている。

　みんな、がんばってるね、ごくろうさん。そんなふうにつぶやきながら畑を過ぎ、自分のアパートまであと数十メートルというところで、右側から、「ばいばーい」というかわいらしい声がしました。ん？　ん？　だれ？

　声の主を探すと、あらら。道路わきのちいさなおうちの開いた窓の奥のブラインドがちいさな手で押し開かれ、そこからまんまるい目がのぞいているではありませんか。

　まあ、私にあいさつしてくれてたのね。暗い道のまん中に立ちどまり、私も、ばいば〜い、とあいさつを返しました。ところが、ブラインドのあいだからのぞくまんまるい瞳は、私の声に反応する気配がありません。そしてまた、愛らしい声で「ばいば〜い。ばいば〜い」。あれ？　私にあいさつしてたんじゃなかったの？

　小さな男の子の瞳は、私を素通りして、高く、高く、空に向けられていました。

　ああ、秋の初めのお月さまがそこにいたんだ。

　男の子のちいちゃく澄んだ声は、なおも空に向けて、ばいばーいとくり返されます。

　幼い魂がとらえた1日の終わりのお別れ。そこには、いともたやすくお月さまと友だちになれるおおらかさと、別れることを恐れない潔さがあるようで、なんだか胸がきゅうんとなりました。

　そう言えば、アーノルド・ローベルの『ふくろうくん』(三木 卓 訳、文化出版局) のなかでも、ひとり暮らしの主人公ふくろうくんは、どこまでも自分についてくるお月さまに大声できっぱりと、「さよなら」って言ってたっけ。そうして、さよならしたお月さまのことを「なんていいともだちなんだ」って言ってたっけ。

　幼い人たちにとって、別れの経験は、出会うこと以上に大切なのかもしれません。「おぎゃあ」とこの世に生まれ出た瞬間は、「こんにちは」であると同時に、安全であたたかなおかあさんの胎内との「さよなら」の瞬間でもあったわけですから。おとなが見落としてしまいがちなちいさな別れ、ちいさなかなしみ、それをきちんとすくいあげ、いっしょにその先へ歩いていく物語が、絵本にはたくさん用意されています。たとえば、五味太郎の『みんな うんち』(福音館書店) の最後のシーン、便器の中のうんちが渦を巻いて流れる瞬間にも、高野文子の『しきぶとんさん かけぶとんさん まくらさん』(福

音館書店）のなかで、一晩お世話になったおふとんを夜明けにたたむ瞬間にも、子どもたちの別れのまなざしは注がれるのです。

1冊の絵本を読むということは、物語との出会いだけでなく、別れも経験するということ。

絵本の表紙を子どもたちに見せるということはどういうことなのか、絵本のページをめくるということはどういうことなのか、そして、子どもといっしょに最後のページまで読み進めるというのはどういうことなのか、少しおわかりいただけたでしょうか？

幼い人といっしょに物語世界に出入りするということは、おとなである私たちをも新しくしてくれる豊かな体験なのだということを、まずは心に覚えてくださいね。

では、次に、つい無意識にやってしまいがちな「絵本世界への入り方」を具体的に考えてみましょう。

 2 ## 絵本の時間に入っていく

保育園や幼稚園などの保育者を対象にした研修会では、よく、絵本や紙芝居の時間の導入に用いる手遊びのレパートリーを増やしたいというようなリクエストがあります。そこで、「みなさんは、日頃どんな導入をなさっているのですか？」とたずね返すと、多いのが、次のようなものです。

♪ぐーちょきぱーで　ぐーちょきぱーで　なにつくろう？　なにつくろう？

　みぎてが～で　ひだりてが～で～～～
（作詞不詳・外国曲）

♪とんとんとんとんひげじいさん　とんとんとんとんこぶじいさん

　とんとんとんとんめがねさん　とんとんとんとんてはうえに

　キラッキラッキラッキラッ　てはおひざ
（作詞不詳・作曲 玉山英光）

♪はじまるよ　はじまるよ　はじまるよったら　はじまるよ

　いちといちで　にんじゃさん　どろん

　　　　（中略）

　ごとごで　てはおひざ
（作詞作曲・不詳）

先生のリズミカルな歌としぐさにつられて、子どもたちも知らず集まってきて、読み聞かせや紙芝居を始めやすい態勢ができあがるというわけですよね。でもよくよく考えてみれば、それは子どもたちの心や体が絵本の世界に入っていきやすい誘いとうよりも、「手を膝の上に置いて静かに聴いてくれるよう」読み聞かせるおとなにとって都合のよいかたちにうまくもっていっている、とは言えないでしょうか?

なんのための手遊び?

　もうずいぶん前のことですが、学生たちがつくったボランティアグループ「絵本みらい研究所」が、沖縄市の「沖縄こどもの国」というテーマパークで読み聞かせを行いました。読み聞かせが始まるまでの時間を待ちきれずに会場内をにぎやかに遊びまわる子どもたちを静めようと、参加したメンバーの1人が、いきなり手遊び歌を始めました。とてもチャーミングな笑顔と明るい声で、

　　　♪いちとにで　ばんばんばん　ピストルばんばんばん　　　　　　（作詞作曲・不詳）

とやったのです。

　子どもたちも引き寄せられるように学生のしぐさをまねて、ばんばんばん。

　その瞬間、孫を連れてきていたのでしょう、ひとりのおばあさんが、「ピストルは、ならんどぉ〜」と、吐き捨てるようにひとり言を言われたのです。

　ピストルの手まねをしていた学生の手が、ぴたっと止まりました。わざわざ沖縄にまで来て、自分はなにをやっているんだろう、なんのために絵本を読みあい、なんのために絵本を読みあう前の手遊びをしているんだろうと、恥ずかしさと申し訳なさで目の前がまっ暗になったと、あとでその学生は泣きながら告白しました。導入は子どもをひきつけることができればそれでいい、楽しければそれでいい、絵本を読みやすい環境をつくれればそれでいい、ということでは決してないことを、学生たちは学ばせてもらったようです。

絵本と結びついた手遊びに

　また、こんなこともありました。延長保育の見学をさせてもらったときのことです。絵本の読み聞かせをする予定の先生が、いつもはいない見学者がいるということでプレッシャーを感じられたのか、私の存在を振り切るように突然、

　♪キャベツの中から　あおむし出たよ　ぴっぴ　とうさんあおむしぃ〜（作詞作曲・不詳）

と、手遊びを始められたのです。反射的に子どもたちも親指を立てて、ぴっぴ。

　ところが、最後に、ぴっぴっぴっぴっぴと5本の指を全部開いて、両てのひらを重ね
あわせ、

　♪ちょうちょになりましたぁ〜

と先生が歌い進めたとき、部屋の隅っこのほうでじっと先生を見つめていた男の子が、
「なるわけない」と言ったのです。

　先生にはその声が聞こえなかったのか、聞こえないことにしたかったのか、そのまま
エリック＝カールの『はらぺこ　あおむし』（もり　ひさし　やく、偕成社）を読み始めてし
まいました。

　ご存じのように、ちっぽけだったあおむしは、毎日毎日、食べて食べて、大きくてふ
とっちょになり、そのあと何日もさなぎになって眠るのです。

「あおむしは、さなぎに　なって　なんにちも　ねむりました」と先生が読み上げた瞬
間、さっきの男の子が「ほらあ、やっぱりじゃ」と、うなずきました。

　どうやら男の子は、『はらぺこ　あおむし』の絵本を何度も読んでもらっていて、あお
むしがきれいなちょうになる前には「さなぎになってねむること」がとても大事な成長
の道筋であることを知っていたようです。

「手遊びとはこんなもの」ではなく、せっかく子どもたちといっしょに絵本と矛盾なく
しっかり結びついた「手遊び」に発展させるチャンスだったのに、もったいなかった
なぁと思いました。

　たとえば、あおむしがいきなりちょうになるわけないと子どもが教えてくれれば「そ
うだねえ」と受けとめ、

　♪ピッピッピッピ

　　（ここで両手の指を交互にはさみあわせて）

　　さなぎになりましたぁ〜

と変更することだってできますよね。そして、しっかり成熟のときを待ってから、

　♪ちょうちょになりましたぁ〜

とやっても、決して遅くはないはずです。

　絵本の世界と手遊びの結びつけを、マニュアルに縛られて行う必要はないのです。

③ とびきりの絵本読みの空間を

　私はよく、ストーリーテリングの定番「くらいくらい」を少し変形させて、絵本読みの前に語ります。決して、このやり方がいちばんよい、ということではありませんが、こんな感じです。

　　　むかしむかしあるところに　くらーいくらーい　もりがあってね

　　　そのもりのなかに　くらーいくらーい　みちがあってね

　　　そのみちをあるいていくと　くらーいくらーい　いえがあってね

　　　そのいえには　くらーいくらーい　ドアがあってね

　　　そのドアをあけると　くらーいくらーい　ろうかがあってね

　　　そのろうかをあるいていくと　くらーいくらーい　へやがあってね

　　　そのへやのなかには　くらーいくらーい　たながあってね

　　　そのたなのうえには　くらーいくらーい　はこがあってね

　　　そのはこのなかには　もっとくらーいくらーい　はこがあってね

　　　そのはこのなかには　もっともっとくらーいくらーい　はこがあってね

　　　そのくらーいくらーいはこのふたをあけると……

　　　ぶわっておおきなおばけでてきて

　　　どこかにおもしろいおはなしないかなぁ　どこかにおもしろいおはなしないかなぁって

　　　さがしてるんだって。じゃぁ、おもしろいおはなししてあげようか

参考："In a Dark Wood" *I Saw a Rocket Walk a Mile*
『語ってあげてよ! 子どもたちに──お話の語り方ガイドブック』
マーガレット・リード・マクドナルド著、佐藤涼子訳、編書房

　この語りは、大きな森に始まり、どこまでもまっすぐ延びていくイメージが続きます。それが後半になって箱の中の中の中というふうにイメージが内側に収縮していき、最後にすべてを包み込むようなおばけのイメージで、緊張の解放が一気になされます。お話を聞く子どもたちの身体も空間も緊張・収縮から弛緩までを経験し、柔軟にほぐされていきます。

「くらいくらい」のおはなしのイメージ

もり
↓
みち
↓
いえ
↓
ドア
↓
ろうか
↓
たな
↓
はこ
↓
はこ
↓
はこ
↓
ふたをあけると…

イラスト＝村中李衣

　最初の「くらいくらいもり」のイメージは1人ずつバラバラでも、最後に「箱の中の箱の中の箱」を見つめるときには、みんな同じものを見つめています。子どもたちに共通のイメージを「声」でもって、無理なく提供しているといえるでしょう。また、「くらーいくらーい」ということばのくり返しは、その「声」が二重母音の〔ai〕を響かせますので、暗いのに甘い安心感もあるのです。

　くり返しますが、このストーリーテリングによる導入を強く勧めるというわけではありません。でも、なにが1度きりの「絵本読みの空間」を最上のものにしてくれるか、それこそを、毎回大事に考えたいものです。

保育園で選書会
本へのまなざしを育てる

子どもの本専門店「こどもの広場」代表

横山眞佐子

子ども自身が好きな本を探す 選書会への思い

2010年、それまで山口県内外各地の小学校・中学校で行っていた選書会に加えて、山口市にある佐山保育園から、うちでも選書会をやりたいのだけれど、という相談を受けました。

選書会とは、子どもの本の専門店「こどもの広場」が、山口県の小・中学校を中心にもう20年以上続けてきた子どもと本をつなぐ取り組みです。それぞれの学校図書室の蔵書履歴や特色に合わせて丹念に選んだ500点あまりの新刊絵本や児童書を学校に運び込み、選書会の会場となる体育館などにすべて表紙を見せて広げ、子ども自身が好きな本を探します。そして、学校の図書室に入れたい本を選び、選んだあとは

好きな場所で好きなスタイルで時間が許す限り自由に読むのです。

会の始まりに会場内にどんなにおもしろい本が潜んでいるかを知らせるために、「読み聞かせ」ではなく「ブックトーク」をします。最後まで読んで、ページを閉じる「読み聞かせ」とは異なり、「ブックトーク」ではおもしろいところは自力で読みたくなるように話をします。この経験が、本と無縁だった子どもにも「その先を知りたい」という好奇心を呼びさまします。そして、「ぼくが見つけた本がちゃんと図書室に入ったよ」「わたし、この本がすっごくおもしろいこと知ってるんだ」という主体的な本とのつながりを生んでいきます。

「本を読む」という行為がすばらしいことはだれもが認めています。しかし、「本が読める」となるとそう簡単なことではありません。本があれば読めるようになるわけではなく、読んでくれたり本のある環境や読む時間を確保してくれたりというさまざまな橋渡しがあってこそです。

・目の前にたくさんの本がある。

・そのどれでも自由に選んでいい。

・選んだ本は好きなように読んでいい。

読書が苦手でなくなるには、この3点が必要なのではないか——これが選書会を始めたいちばん根っこにある大事な思いなのです。

保育者といっしょに

さて、相談を受けて、保育園児に向けて選書会ができるだろうかと、ちょっとのあ

「ここが、おもしろいんだよ！」
保育者は、子どもが自分で選ぶのを見守るだけ

いだ考えました。でも、たくさんの本を見てワクワクしながら自分の好きな本を選ぶ。そして、自由に読むことは4〜5歳の園児たちにもきっとできる。それになにより「そんなワクワクした子どもたちの姿を見たい」と保育者たちが心から願って動こうとしてくれているのです。この先生たちといっしょにやってみようと思いました。

さっそく選書会に持ち込む本の選定に取りかかりました。さまざまな子どもたちの興味関心に応えられるように、ジャンルは幅広く、身近な生活や気持ちを描いた絵本だけではなく、写真で構成されたもの、乗り物や動物など科学の絵本、細かく描かれたものから想像力を駆使するものなど、新旧取りまぜながら選んでいかなくてはなりません。

まず、保育園の先生方に、休日を利用して私の主催する子どもの本専門店「こどもの広場」に本を選びに来てもらいました。先生たちは、クラス1人ひとりの子どもの興味や性質を知り抜いているからこそ「○○くんは、今、恐竜がマイブームだから、これがよいかも」とか「△△ちゃんは妹が生まれてちょっとがんばりすぎだから、お母さんはあなたのことが好きって伝わる本にしよう」と、子ども1人ひとりを思い浮かべ、意見交換しながらのていねいな本選びが進みました。

選書会にはまだ参加できない園内の1・2・3歳の子どもたちのためにも、先生方がちゃんとそれぞれの年齢に合った絵本を選びました。

ホールいっぱいの300冊

選書会当日、先生方によって選ばれた本に「こどもの広場」スタッフが選んだおすすめ本をプラスした約300冊の本を園内のホールに並べました。いつも見慣れたホールが本でいっぱい！　その光景にだれもかれもがワクワク、キョロキョロします。

ホールにやって来た園児たちはみんな、事前に絵や名前を書いてラミネートしたかわいい自分だけのしおりを大切に握っています。ちいさい人たちのための選書会では、さまざまな本の紹介をする最初の場面で、小・中学生に行うような「ブックトーク」、つまり話の途中、いちばん知りたいところでやめるという従来のやり方はしないことに決めました。初めから終わりまで数冊の本を読むことにしたのです。そのことで、本を手に取り、開いてみたい、今読んだ本をもう1度見たい、と子どもたちの気持ちを高めることが大事だと考えたからです。ちいさな人たちは読み手が「おしまい」と言ってページを閉じたとたんに、「もう1回読んで！」と言い、何度でも同じ話を聞きたがります。

この気持ちをつなげて、あとは自分の好きな本を見つけて、目印にしおりを挟んでもらいます。それが終われば自分が好きな本を読んでいい時間です。

科学の絵本はみんなで楽しめる。スタッフもいっしょになって「へぇー、テントウムシって、みんな違う！」

大成功でした。みんなちゃんとできました。この試みは次の年もその次の年も、そしてもう７年以上続いています。今では、ほかの幼稚園や保育園にも選書会の輪は広がっています。

本を仲立ちに気持ちを共有

愉快なエピソードをひとつ。5歳児のYちゃんとMちゃんが同じ本に手をかけてにらみ合っています。どうやら2人とも同じ本にしおりを入れたいようす。2人とも入れてもいいのに、「自分だけが選んだ本」にこだわっています。どうするのかと見ていると、Yちゃんが表紙を読みました。「わがはいはのっぺらぼう」、読んだとたんに2人の身体がくっつきました。そっとページをめくる2人。補い合いながら声に出して読んでいます。もう大丈夫です。2人は同じ本で怖さを共有し楽しんでいます。

選ぶことにこだわるだけではなく、同じ場所で本を仲立ちに気持ちを共有することも、この会の楽しいところです。

ビジョンをもち、本へのまなざしを育てる

最後に、ちいさな子どもの本屋が選書会というとても手間も時間もかかる本の届け方をあえて選び、長い年月続けてきたのはなぜなのか？　そのことをもう1度ちゃんと書いておきたいと思います。なぜなら、選書会の手順だけをマニュアルとして覚えても、ひとつまちがえれば、子どもたちへの強烈な本の押し付けになってしまうからです。

ここで紹介した佐山保育園のように、本を選ぶ人が本に囲まれうっとりする子どもたちの心のなかをよく感じ取り、ていねいに1冊ずつを準備すること、そして1人ずつの子どもを思い浮かべるだけでなく、毎年の選書会の積み重ねでどんな図書室をつくっていきたいかというビジョンをもち得ていることが大切です。それなくして、おとな目線で自分たちの購入したい本、あるいは売りたい本を準備しても、子どもたちには「読みたい本がないや」と見放されてしまいます。

また、子どもたちの本選びの前に行うブックトークや読み聞かせも、おとなたちが自分の好きな本、読みやすい本を披露する場ではなく、紹介されていないたくさんの本へのまなざしを子どもの内側に育てる「いざない」の心が必要なのです。子どもたちは、おとなたちのそうした配慮があれば必ず本と友だちになれます。でも、その配慮なく本を押し付ける形式として選書会がひとり歩きすることは、よくよく注意しなければならないと思うのです。

20年間の貴重な選書会の歩みは、『本を選ぶ日』に詳しくあります。

●お問い合わせは「こどもの広場」へ

TEL／FAX 083-232-7956

メールアドレス home@kodomonohiroba.co.jp

2

あなたの声で読む

① 自分の声で読むということ

読み手の覚悟が声に表れる。待合室で

　定期的に通っている眼科の待合室に、赤ちゃんと３歳くらいの女の子を連れたおかあさんがやってきました。

　まずは受付で、問診票にあれこれ書き込まなければいけないのですが、子ども連れのおかあさんにはこれが、ひと苦労。赤ちゃんはおかあさんの背中でぐっすり。頭が後ろに反り返って、見るからに重そう。おねえちゃんのほうも、狭い待合室の雰囲気に慣れず、おかあさんの体に、ぴたぁっとくっついて離れません。しかたなくおかあさんは、長椅子の端っこにちいさく腰かけ、ひざに置いた問診票の上に覆いかぶさるようにして書き込みを始めました。この問診票、意外に細かい質問があって、書き込みは簡単には終わりません。

　そのうち、女の子が待合室の隅っこにある本棚に気づき、一瞬だけおかあさんの手を離れ、絵本をつかんでもどってきました。「ねえ、これ読んで」。

　『三びきのやぎのがらがらどん』（マーシャ・ブラウン え、せた ていじ やく、福音館書店）でした。「え？　今すぐ？」と、ちょっと困ったふうな表情のおかあさん。女の子は、こくっとうなずきます。すると、書き込み途中の問診票の上に置かれた『三びきのやぎのがらがらどん』を、おかあさんは、そのまま、息をひそめるようにして、小声で読み始めたのです。ちいさいやぎのがらがらどんの声は、なんともかわいらしい。いい感じです。じゃあトロルは？と思うと、おかあさん、一度大きく息を胸に吸い込み、すごみのある声で「だぁれだぁ〜」。実にみごとに語り分けていました。そして、ちゅうくらいのやぎのがらがらどん、おおきいやぎのがらがらどん、それに毎回立ちはだかるトロル——どの声も、周囲に気を使い音量こそ限りなく絞っていたものの、しだいに高まる緊張感や、凛（りん）としたおおきいやぎの精神や、トロルの激昂（げきこう）した感じがきっちりその声に表れている。私はすっかり聞きほれてしまいました。

　戦い終わったがらがらどんたちが山に登っていき、「チョキン、パチン、ストン。はなしは　おしまい」と読み終えたところで、ようやくおかあさんの問診票書きが再開。

　すると、女の子は、目にも止まらぬ素早さで、ぴゅーっと『がらがらどん』の絵本を

返却。代わりに『ふなっしーの絵本 ふなっしーのおはなっしー』（PARCO出版）という、キャラクター絵本を持ってきました。あらら、こんな絵本どうするのかしら……と見ていたら、案の定おかあさんも「え〜、こ、これを読むの？」。女の子は、こっくり。するとおかあさん、またまた問診票書きを中断し、押し殺した声で、『ふなっしー』を読み始めたではありませんか。「キャー!!　梨汁ブシャー!!　ガブッ!」、こんなカタカナ音だらけの脈絡のない絵本を、なんの偏見もなく、周囲に気配りしたちいさな声で読み進めたのです。傍らで聞いていた私の心のなかでも、ふなっしーの動きが、鮮やかに元気に舞い踊りました。「はい、ばいば〜い」と、最後のセリフを読み終えたおかあさんが絵本を閉じると、女の子は満足そうに、絵本を受け取り、本棚に返しに行きました。

　おかあさんとの絵本読みのおかげか、彼女はいつのまにか、待合室の不安からしっかりと抜け出せたようです。

　いい絵本、粗悪な絵本などと、おとなが区別することなく、今そのときの子どもの選択に意味があることを信じ、その世界に素直に入り込んでみる——その覚悟が読み手の声になって表れるのですね。演出することなく、今そのときの子どもの気持ちに響く声をさがしながら読んでみるということ。この経験を重ねれば、やがて子ども自身も読んでくれる人の声を信じて、そのときその人に読んでもらうのがぴったりな絵本をじょうずに選んでいくようになるのです。そんなお互いの成長しあう力を信じて、今はどこまでも子どもに寄り添って読んでいくおとなでありたいなぁと、まだいっしょうけんめい問診票を書いているおかあさんの横顔を見つめながら思ったのでした。

読む身体と聞く身体の響きあい

　第2章では、絵本の読み方、絵本の選び方に先んじて「自分の声で語ること」の大切さについて考えてみたいと思います。

　絵本研修の場に赴くと必ず、絵本は淡々と読んだほうがいいのか、それとも気持ちをのせて読んだほうがいいのか、と問われます。「絵本は作者の考えがきっちり表現されているのだから、それをはみ出すような過剰な読みはいけない。淡々と読むように」と学んできたが、実際に子どもたちの前に立つとそういうわけにもいかない。どうしたらいいのか？ということらしいのです。子どもたちを前にして、絵本の読み手になるということは、文学作品をひとりで読む場合と違って、絵本の登場人物と聞き手と読み手で

ある自分との三者の関係を意識しなければならないということです。

「作者のきっちりとした制作意図」を尊重するということは、作者の声を聞き取るということで、もちろん、ないがしろにはできません。でも、絵本を読むという行為は、作者の声だけでなく、聞き手の声、その絵本を読もうとする自分の内側からわき上がる声、そしてさらに、作者から独り立ちして作品の登場人物あるいは作品世界そのものから立ち上がってくる声にも耳を傾ける必要があるのです。

どこに重きを置き、どういうかたちで、このさまざまな声をまとめていくのか、それは、作品によっても、読み手によっても、聞き手によっても、読みの場の状況によっても、異なってしかりです。その異なりに柔軟に対応していくためには、読む身体と聞く身体の響きあいに注目しなければなりません。このことが、今、最もないがしろにされているように思います。

② 自分自身を声で伝える

作品世界に誘ってくれる声を待つ

実習に向かうため絵本の読みを練習しようとする学生たちにしても、絵本読みの研修に参加する現場の先生方にしても、「もっとじょうずに読む」ためのノウハウをできるだけ簡単に教えてほしいようです。ですから、AさんにはAさんの、BさんにはBさんに似合った声の出し方や、間の取り方、本をめくる速度があると言うと、え〜っ?!という顔をされることがしばしばです。学生のなかには率直に「めんどー」とこっそりつぶやく者もいます。でも、聞き手は「じょうずな読み手」を求めているのでなく、「自分を作品世界へ誘ってくれる声」を待っているのです。その誘いの声は多様で、その多様さが読みの入り口、そして道筋を柔軟に支えることを覚えておかなければなりません。

世界の気配を感じ取る。幼稚園の教室で

A先生からうかがったお話をしましょう。A先生は、公立幼稚園で働き始めて3年目です。

年少クラス担任のA先生は、1日の園での時間の終わりに、必ず教室で子どもたちと絵本を1冊読むことにしています。『がたん ごとん がたん ごとん』(安西水丸 さく、福

音館書店）は、そのなかでも特に、子どもたちとのかけあいを楽しむ大事な1冊として、教室後ろの絵本の棚に飾られています。4両編成の列車が、駅のホームで「のせてください」と待っている「ほにゅうびん」「こっぷとおさじ」「りんごとばなな」「ねことねずみ」を順番に乗せて、無事終点までたどり着くというシンプルなおはなしです。「がたん ごとん」という音の響きの心地よさ、子どもたちが成長していくなかで関わりをもってきたものたちとの再会、そして、無事に目的地にたどり着く安心感など、幼い子どもたちを楽しませる要素がきちんと取り込まれており、「のせてください」というホームで待つお客を代弁した読み手の呼びかけに、聞き手の子どもたちは「いいよー」。その子どもたちの了承を引き受けたかたちで次のページをめくれば、ちゃんとお客たちが乗り込んでいます。子どもたちは自分たちの「声」によって、ストーリーがしあわせな結末に向かっていくことに充実感を覚える1冊です。

　さて、A先生の教室で、ある日事件が起きました（以下、まるで私が見たように書かせてもらいますが、実はA先生から私が直接お話をうかがったものです）。

　砂場で遊んでいたA先生のクラスの男の子2人が言い争いになり、1人の子がもう1人の子の顔に向かって砂を投げつけてしまいました。目に砂が入った男の子は泣き出しましたが、見ていた子どもたちはだれも助けようとしなかったし、投げた男の子を止めることもしませんでした。A先生は、そろそろ3歳児クラスも終了で4歳児クラスへと進んでいく子どもたちのなかに、1人ずつを思いやる気持ちを育てることができずにきたのかと、自分の指導のあり方にすっかり自信をなくしてしまったそうです。先生が落胆しているようすは、クラスの子どもたちにもなんとなくわかったようで、みんな、先生の顔色をうかがうような気まずい半日が過ぎていきました。

　先生自身も子どもたちが自分のようすを気にしているのはわかっていましたが、気持ちの切り替えができず、重い雰囲気のまま帰宅準備の時間を迎えました。いつもの流れでA先生が、絵本を飾っているコーナーに行くと、子どもたちがこれまで見たことがないくらい素早く、さぁっと集まってきたそうです。おそらく絵本の時間が、先生と自分たちとの気まずい空間を修正してくれると期待したからでしょう。A先生が『がたん ごとん がたん ごとん』を手に取ると、子どもたちのなかから「やったー！」の声が上がりました。先生は、その声には応えず、表紙の4両編成の列車の前を見据えるきりりとした表情に思わず、なにがあっても走り出さなければならない使命感のようなも

のを感じ、ため息をつきました。A先生は、表紙、中表紙（とびら）とめくり、「がたん ごとん がたん ごとん」と声に出しました。先生は、自分の声がいつもより低く、一語ずつを引きずるような声であることに気づいたそうです。これまでは、見開き画面左側に書いてある「がたん ごとん がたん ごとん」の文字をくり返し読み、レールの上を走り続ける列車の時間を楽しんでいたのですが、この日ばかりは、1回切り。書いてある「がたん ごとん がたん ごとん」の文字をそのまま読んだだけで、すぐに続けて見開き画面右側に書いてある「のせてくださーい」を声に出しました。

　いつもなら、子どもたちの顔を見やりながら「のせてくださーい」と頼むように読むのですが、子どもたちに頼むような心の余裕がなく、ただ「のせてくださーい」とつぶやいたそうです。その瞬間、子どもたちが息を吸い込み、「いいよ」と言いかけたのが目の端に見えたのですが、A先生はそれを待たずにさっと次のページをめくってしまったそうです。その瞬間、子どもたちの「あれ?」という拍子抜けしたような置いてけぼりを食らったような表情が見えました。見えましたが、先生はそのまま、子どもたちの心をすくい上げようともせずに、ひとりで読み進めました。それは、A先生にとって列車であるからには、乗車拒否は許されず、客が待っていれば乗せ、目的地まで走り続けるしかない、という今までこの絵本から感じたことのない、ネガティブなストーリーを生きる時間だったそうです。

　聞き手の子どもたちは、先生が走らせる喜びのない単独走行を、最後までぽかんと見上げていました。

静けさを感受する

　翌日、ある保護者からの連絡帳に、胸に突き刺さる言葉が書かれていたそうです。
「先生、きょう、息子が『せんせいが、がたんごとんのえほんをよんでくれた。そしたら、おへやのとけいのおとが、はじめてきこえたよ。コチコチいってたよ』と話してくれました。何かありましたか?」

　なんともやるせない風が、先生の心にも教室にも吹き抜ける様が、目に浮かぶようですね。

　子どもたちは、A先生の読みの声にあった憤りや哀しみを感じ取り、その声に耳を澄ませています。幼い心と体が、教室で静かに時を刻む時計の音を、はじめて聞き取っ

たのでしょう。子どもたちが静けさを感受するということは、単純に音がしない世界にいるということではありません。大好きな先生の聞き慣れた声が、怒りとも悲しみともつかない複雑な音色をもって絵本の世界を彩り、子どもたちの胸に届く。その届き方が、子どもたちの心をひとりぼっちの「静寂」の世界に誘ったのでしょう。

　Ａ先生は、この苦い経験から、子どもに絵本を読むということは単に物語のなかの出来事を伝えるのでなく、子どもといっしょに絵本を読みあっている自分自身を「声」で伝えることなのだと改めて知った、とおっしゃいました。先生の気づきも重要ですし、子どもたちが聴き取った時計の音にも、示唆があります。絵本に耳を傾ける行為は、その物語だけでなく、生きている今この世界の気配を感じ取ることでもあるのです。

③　心の耳を育て、見えない世界と対話する

ワークショップ「声の道を知る」

　さあそれでは、読者のみなさんにも、ちいさなワークに挑戦してもらいましょう。

ワーク１　声の道を知る／基礎編

1　まず、ペアをつくって、１メートルくらい離れ向かいあってください。

2　ペアの相手とじゃんけんをしてください。

3　勝ったほうが負けたほうの名前を呼ぶことにします。
　　　四方八方に向けて同じ声の大きさ、同じ声のトーンで、ペアの相手の名前を呼んでみます。
　　　そのなかで１回だけ、相手の正面、胸のあたりに向けて、声を届けてみてください。

4　負けたほうは、目を閉じて、自分の名前がどの方角に向かって呼ばれているのかを感じながら、胸のまん中に向けて声が届いたときに、まっすぐ手をあげましょう。

5　次に、２人の役割を交代して同じことをやってみてください。

6　声が胸に届いたとわかった瞬間どんな気持ちだったか、また、相手が手をあげた瞬間どんな気持ちだったかを伝えあいましょう。
　　　声の道は見えましたか？

> **ワーク2** 声の道を知る／応用編
>
> 1　ワーク1と同じ要領で、今度は正面を向き、相手の胸のまん中に向けて名前を呼び続けます。相手の胸に届く前に声がすべり落ちる場合と、相手の胸の奥にずんと声が届く場合の違いを、互いに呼びあい、感じあってみましょう。
>
> 2　声が胸の奥に届いたと感じた場合は、どんな身体のざわめきがあったのか、自分の受けとめた感覚を伝えあってください。

　どうでしたか？　ワークをやってみる前は、「無理」とか「むずかしそう」と思ったのではないですか？　でも、実際に行ってみると思った以上に声の道が見えたのではないですか？　しかも、感じ取った声の道を相手に伝えるとき、そして、相手が感じ取った自分の声の道を確認するとき、どちらもワーク前とは打って変わったわくわくした気持ちになったのではありませんか？

　以下はこのワークを体験した大学生たちの、終了後の感想シートの記述の一部です。

（表記は原文のまま）

大学生の感想シートより

● 声が届くっていう、ただそれだけのことが、こんなにうれしいこととは思わなかった。

● ワーク1では、はじめて「声」をちゃんと意識した。相手には「聞いている」だけなのに、確かに私の声が「見える」んだなとわかった。
とすれば、私が子どもたちに絵本を読む声も、子どもたちは、「聞く」だけでなく、絵本の中の何かの情景が「見える」手助けになるということではないだろうか。

● 声っていうのは、口から発せられた後は、バーッと全体に広がるものだと思っていたけど、ちゃんと「声の道」を通っていくのだとわかって新鮮だった。

● 教室全体で80人近くの人が声を一斉に発していたのに、普通だったらうるさくてしょうがないはずなのに、自分が聴き取ろうとする相手の声以外は全く気にならなかった。不思議だ。

● 自分の場合、日常場面で、相手に向かって声を発していても（こんなこと言って馬鹿にされないかな）っていうふうに

すぐに気持ちがひるんでしまって、相手の少し前で自分の声が落下してしまうイメージがあったけど、ほんとうに、声が相手の胸に届く届かないっていうことがあって、それが相手にもちゃんと伝わるっていうことがよくわかった。

●子どもを叱るときでも褒めるときでも、「言葉の意味」だけに頼って口先で発するのでは、子どもの胸に届かないんだな、とわかった。

●ワーク2は、ワーク1より、ずっと難しかった。相手の胸の奥に届けるために

は結局強い声で言う、大きな声で言う、くらいしか思いつかなかった。本当は、もっといろんな方法があるんだろうな。それを知ることができたら、子どもたちの心にずんと届く絵本読みができるようになるんじゃないだろうか。

●ワーク2は、感じ取る役がすごく大変だった。ちゃんとわからなければと思うから。でも、もしかしたら、子どもたちは、もっと自然で、私たちみたいに、当てなければ相手に悪いというようには考えないので、もっと身体で感じ取れるのかもしれない。

　どの学生の感想からも、1人ひとりが自分の声をもって相手に気持ちを届けるということへの意識が高まっているのがわかります。「声の道」という言葉を感想のなかで意識的に用いた学生がいますね。私が授業のなかで使った表現ではありますが、自分の発した声がどんな道をたどって相手の胸に届くのかを見届ける態度をもつことで、しだいに絵本を自分の声を通して聞き手の胸に届けるという営みを軽視できなくなってきているのが読み取れます。こうした自覚が「読み手」としての自分に責任をもつ態度にもつながるのではないでしょうか。また、ワーク2が容易に達成できなかったことから、自分の読み方がワンパターンであることに思い至った学生の感想も貴重です。

絵本読みの学びのスタートライン

　こうした、自分の身体を通した気づきを経て、はじめて「絵本読み」の学びはスタートラインに立つのだと思います。「この絵本はこう読むべき」というような技術指導だけをせっかちに求めることなく、心の耳を育て、見えない世界と対話できる身体性を身につけていくことが大事なのです。

④ 声の違いを確かめる実験と検証

聞き手の存在から受ける強い影響

ここまで強調してきたことを、少し整理してみましょう。

聞き手の前に立ち、絵本の表紙をかざして見せた瞬間に、あるいは表紙をめくって見せた瞬間に、自分が今どう読みたがっているのかを自分の身体、特に自分の声に聴くことができるようになれば、それは無意識につくり上げようとしている聞き手との関係への気づき、さらに、他者理解へとつながっていくものです。

音感受教育を専門とする吉永早苗氏は興味深い研究を行っています。吉永氏は、保育者もしくは小学校教諭をめざす学生に、複数の子どもたちに歌い聞かせる状況をイメージしながら歌う場合と、新生児を模した赤ちゃん人形を抱っこしながら、子守唄として歌う場合の二通りの歌唱を促し、基本周波数の違いを明らかにしています。（吉永早苗『子どもの音感受の世界──心の耳を育む音感受教育による保育内容「表現」の探求』萌文書林、2016 年）

結果は、赤ちゃん人形を抱いて子守唄のように歌唱した場合のほうが、同じ曲であっても、基本周波数の変化（音調）が平板になっていました。さらに、子守唄を意識した場合、歌い始めの音高として 300 ヘルツ（Hz）周辺が選択されていることがわかりました。これらのことを吉永氏は、乳児が選好性を示すとされる周波数域や母親の腹壁と羊水の介在によって胎児に届きやすい低音が 300 ヘルツ以下であるという事実と関連があるのではないかと指摘しています。

これまでの研究では、こうした音声の音響的特徴は母親特有のものであるとされてきましたが、「女子大生が、女性として成熟を遂げていくなかで、やがては人の母親となる彼女たちが、実験の設定であったとは言え、赤ちゃんに子守唄を歌って聞かせるというとき、やはり、母胎内の遠い記憶を追想し、自分たちが感じたのと同じ安心と安らぎを、眼前の赤ちゃん（人形）に届けてやりたかったのではないだろうか」と結論づけています。「保育場面での歌い手は一方的にメッセージを発信しているわけではなくて発信するその過程において、聞き手の存在から、強い影響を受けている」という、歌い手の身体についての指摘は、「読み手の身体」への気づきにもつながると考えられます。幼いいのち

に対してわき上がる「届けてやりたい」という思いは、絵本の読みあいのなかで生まれうる感情でもあるはずです。

実験 声は関係性で変化するか？

そこで、同じように新生児に模した赤ちゃん人形を膝に乗せて絵本を読む場合、抱かれた赤ちゃん人形と向かいあって絵本を読む場合、ひとりで絵本を読む場合の三通りで、5人の大学生の絵本読みに「声の違い」が表れるかどうかを確かめてみることにしました。

読んでもらった絵本は『がたん ごとん がたん ごとん』(安西水丸 さく、福音館書店) と、『ごぶごぶ ごぼごぼ』(駒形克己 さく、福音館書店) の2冊です。

結果は、三つの読み方の違いによって、声に驚くほどはっきり違いが表れました。ぼそぼそと早口に読んでいた学生が、膝に赤ちゃん人形を乗せたとたん、ゆったり包み込むような柔らかな声で読み始めました。1フレーズ読み終わるごとに、赤ちゃんのほうを見てにっこりしながら、あるいは、目をあわせてちいさくうなずきながら読み進めていくのです。「指導」なんかしなくても、赤ちゃんといっしょに、読みがごく自然に育っていく感じです。また、赤ちゃん人形と向かいあうようにして読むと、膝に抱いていたときとは違って、赤ちゃんに声がしっかり届くようにという気持ちが表れるのでしょうか、表情も明るく、大きくてきっぱりした声に変化していました。

実験終了後、参加した学生たちは、自分たちのようすをビデオでふり返りながら、自分の身体、特に関係性によって変化する自身の声の自在さにたいへん驚き、こんな感想を述べていました。

大学生の感想より

● これまで、この絵本はどう読めべばいいのかを、あれこれ気にしていましたが、それは、このビデオで言えば読み聞かせる対象のいない「素読み」の想定に過ぎなかったとわかりました。

● 読み聞かせる相手との位置関係だけでもこんなふうに自然と違いが出てくるものであるのに、それを無視して絵本の読み方は〜であるべきというような画一的マニュアル的な学びを求めていた自分のおかしさに気づきました。

発展　絵本を読みあい相手を思う気持ちを育む

　この実験にはさらに、発展形があります。実験に参加してくれた学生のうちのひとり槇本千紘さんが、自分の家族に、「①赤ちゃん人形を膝に乗せて読む」「②読み聞かせる対象なしで同じ絵本を読む」という2パターンを継続して長期間やってもらい、そのようすをビデオに録画して、どんな変化が起こるか、起こらないのかを調べるという研究計画を立てたのです。

　対象は、槇本さんの家族のおばあちゃんと、おかあさん、そして中学校3年生の弟さんの3人です。おばあちゃんやおかあさんは、かわいい孫、大事な娘の頼みとあれば、たぶん協力してくれるでしょうが、思春期の弟さんが、半年間もくり返し絵本を読んでくれるでしょうか？　しかも、赤ちゃん人形を抱いて……。おもしろそう！と思う反面、大丈夫か心配でもありました。

　ところがです。録画されたビデオを見せてもらって、思わず涙が出そうになりました。もちろん、家族の健気（けなげ）な協力のようすにも心を打たれましたが、それ以上に、赤ちゃん人形が日を追うにつれ、物語といっしょに、おばあちゃんにはおばあちゃんの、おかあさんにはおかあさんの、弟には弟の愛し方によって、その存在がまるごと受け入れられていく過程を目の当たりにしたからです。

おばあちゃん

撮影：槇本千紘（以下同）

おかあさん

　おばあちゃんは、最初からオープンマインドで、学生が幼い頃読んでもらったのと少しも変わらない（と槇本さんが言っていました）親密で人懐っこい読みの空間を人形といっしょにつくり上げておられました。人形を膝に乗せる姿も実に自然です。「ん？　どぉ？」などと、何度も背中をかがめて人形に話しかけながら読み進めておられました。ところが、人形を膝から降ろし素読みになったとたん、「めんどくさいなぁ」と言いながら、教科書をていねいに読むような口調に変わっていました。

　おかあさんは、忙しい時間を割いての協力ということもあって、素読みに関しては非常にハイスピードで読み進めていかれます。赤ちゃん人形を膝に乗せても、「私は、こんなことじゃ、別に読み方は変わらんよ」とおっしゃっ

ていたのですが、実際には早口のなかにも豊かな表情が加わり、声のトーンもクスリと笑えるほど愛らしく高い声に変わっておられました。「自分では気づいてないみたいだけど、そういうところがまた、おかあさんらしいわ」と学生はしきりにうなずいていました。幼少期からのおかあさんとのエピソードに重なるものがあったのでしょう。

弟／中学3年生

そして、注目の弟の読みあいです。最初は赤ちゃん人形を膝に乗せると、危険物体に遭遇したような緊張した身体でおっかなびっくり絵本を読んでいました。人形を外して素読みをする場面では、「また読むの？　めんどくせー」とぼやいていました。

ところが、弟は回を重ねるうち、絵本を読む前に「ゆうたん」と名付けた人形をあやし、ひとしきりいっしょに遊んだり、「さ、読むか」と声をかけたり。人形を膝に乗せたときの読みは、そうでない読みと明らかに速度も声のトーンも、間の開け方も変わってきました。最後の回では、ビデオが回り始めているのに、なかなか絵本読みを始めようとせず、ゆうたんを自分のそばに寄せて、「たかいたかい」をしていました。「これでおしまい」の絵本の扉を開ける決心がつかないようにも見えました。いっしょに絵本の世界に入っていく経験がそのまま彼と人形との心を通いあわせる思い出に熟していったのではないでしょうか。その思い出の最後のページをつくりあう彼の読みあいの声は、深く慈しみにあふれているようにも感じました。

　相手を愛おしいと思う気持ちを絵本を読みながら育てていく——そうやって育った関係が、絵本の内側の世界を包んでいく。絵本の読みあいがめざすものとは、そういうものなのだと、改めて思いました。この読みあい実験を行った槙本さんは、最後の最後に、「絵本の読みの研究をしていたはずだったのですが、家族が家族であることの意味を学ぶ時間であったようにも思います」と告げてくれました。

⑤　その声で見えてくる風景を大切に

　それでは、まとめに、三つめのワークを実施してみましょう。
　『さわらせて』（みやまつ　ともみ　さく、アリス館）は、見開き2場面ずつがセットになって

いて、「いぬさん　ちょっと　さわらせて」という語りかけに対し、次のページで犬が「いいよ　せなか　さわっていいよ」。次の2場面では、「ねこさん　ちょっと　さわらせて」という語りかけに対し、「くびなら　いいわ　ああ　いいきもち」。さわらせてほしいと訴える声と、それを了承する動物の声とのかけあいで成り立っている楽しい絵本です。

　この絵本をテキストに、声が見せてくれる風景を体感してみることにします。

> ### ワーク3　あなたの声からなにが見える？
>
> **1** 絵本『さわらせて』を、グループで読みあってみましょう。最初の1人が「いぬさん　ちょっと　さわらせて」と声に出して読みます。次の人は、読んでくれた人の声を聴きながら犬になって「いいよ　せなか　さわっていいよ」と応えます。
> 次の人は、ねこに向かって「ねこさん　ちょっと　さわらせて」。
> その次の人が「くびなら　いいわ　ああ　いいきもち」といった具合です。
> やりとりを聞いているグループ全員が、それぞれのかけあいの声を耳を澄まして聴き取ります。
> よく聴くことによって、「あ、今、犬さんのそばに駆け寄って、しゃがんで話しかけるちいさな女の子が見えた」とか、「あ、今のは、さっきから声をかけようかどうしようか、ずうっと迷っていて、ようやく決心して声をかけたみたい」とか、「今の声はさわられることにけっこう慣れっこになっているみたいな声だった」というように、セリフの向こう側に、いくつもの「声が伝える風景」が立ち上がってくるでしょう。
> **2** どの語りがいいとか悪いとかではなく、その声でなにが見えたかをグループ全員で率直に伝えあってみましょう。自分たちの声はただの「情報伝達のための道具」ではないことが、しみじみわかるはずです。
> **3** 『さわらせて』だけでなく、いろいろな絵本をいろいろな人に読んでもらいながら、その声で見えてくる風景を大事に伝えあってみましょう。そうすれば、「あなたのその声でこんな風景が見えてくるんだから、もっと○○なふうにすれば、そのことがもっと鮮やかになるんじゃないかしら？」というような深い学びあいも、グループでできるようになります。

いっしょに学んで はじめのいっぽ

1　絵本がよく見えるように

　絵本読みの基本の基本は、「絵本がよく見えて、その場にいるだれもがすうっと絵本の世界に入っていけるようにする」ということです。ここからお示しするいくつかの約束ごとは、この「すうっと」のための工夫のひとつなのだと覚えておいてくださいね。

●長い髪はまとめる

　読む絵本が子どもたちによく見えるようにするためには、読む人の髪の毛が開いたページにかぶさらないほうがいいですね。そのためには、前かがみにならないように姿勢をよくしなければいけないし、長い髪は、後ろに束ねたほうがいいでしょう。

●ネイルや服装にも注意

　細かなことを言えば、ページをめくる指にキャラクターのかわいいばんそうこうが貼ってあれば気が散るし、ネイルもキラキラしていればそっちに子どもの目線が集まってしまいます。

　服装については、絵本に集中してもらうために、「黒かそれに準ずる絵柄のないものを着用」とはっきり指示され指導される場合もありますが、保育の場面のなかで絵本読みをするのですから、そこまで厳密に服装を統一する必要はないと考えます。日頃から保育場面で着用しているエプロンやワーキングウェアは、淡いやわらかな印象のもので

しょうから、わざわざそれを、黒い服に着替えなくてもいいでしょう。そういう意気込みがかえって緊張感をその場にもたらしてしまう場合だってありますから、それよりも、絵本を抱えて子どもたちの前に立ったら、自分の身体まるごと絵本の世界とひとつなぎになっていることを意識しましょう。おのずと、表情もしぐさも、整ってくるはずです。

● 複数の絵本の用意の工夫

　複数冊の絵本読みを用意している場合は、今読んでいる絵本に集中してもらえるようにそれ以外の絵本を無造作に机の上などに積み上げないでください。ほかの本は目に入らないようにしておいて、1冊ずつ子どもたちの目の前に登場させるのもよいですし、複数冊の絵本読みに流れがある場合は、ブックスタンドや面展台などを用い、表紙を前に向けて、読み手の後ろに並べておくのも、ひとつの方法です。

2　読む前の準備

● カバーや帯は外す

　絵本にもしもカバーや帯がついていたら、先に外しておきましょう。絵本のカバーは、流通段階での汚れから本そのものを守るという役目が主たるものですので、実践のときにはカサコソ動いてじゃまになります。

● 「開きぐせ」をつける

　次に、開いた画面（見開きと言います）が平らに見えるように、ちゃんと「開きぐせ」をつけてください。「開きぐせ」とは、開いたページがすぐに閉じてしまわないように折り目がついていることです。

　開いたページのまん中の部分、本の「のど」と呼ばれているところですが、ここを中心に、てのひらで見開きページを1つずつ、しっかり押さえて画面が平らに開くようにしておきましょう。

● 下読みができないときでも……

　子どもたちの目の前ではじめて読むのでは、この先どんな展開が待っているのかさっぱりわからず、とんちんかんな声でキャラクターづくりをしてしまい、「あ、しまった。こんなにおちゃめな登場人物だったのに、まじめ～な声で始めちゃった！」と、あわて

てしまうようなことになりかねません。また、ざっと黙読して、ふんふんこんな話ねと頭で理解するだけでは、美しいことばの響きを生かした読みができるはずのところを無造作に読み飛ばしてしまう可能性があります。実際、声を出して読んでみておかなければ、どこに「間」をつくればよいのか、読みの流れをイメージすることも困難です。ですから、下読みはとっても大切。

　でも、です。実際には下読みの準備をすることができない「せんせー、この本読んでぇ～」の場面も日常のなかでたくさんあります。「じゃあ、先生、準備にちょっと時間が必要だから、あとでね」という訳にはいかないことがほとんどですよね。そんな「今この瞬間こそが、あなたと私の物語タイム」と直感した場合には、子どもたちといっしょに、「はじめての物語体験」を、ドキドキしながら楽しみましょう。

　私だって、読んだことのない絵本を子どもが大事そうに抱えてきて、「これ読んで」とせがまれることは、たびたびあります。そういうときは、まず、初見の絵本であっても今すぐに読みあったほうがいい状況かどうかを、即座に判断します。そして、よし読もうと決めたら、「わぁ～、どんな絵本かなぁ。りえさん、はじめての本だから、ちゃんと読めるかなぁ～。応援してね」と言いながら、聴いてくれる子どもたちとの協力関係を結びます。

　子どもたちは優しいので、おとなが困っているとなると、必ずまなざしで支えてくれます。「大丈夫、大丈夫。りえさんなら、できるよ」などと励まされ、「そっか！」と調子づいて読み始めます。「ん？　ここはどういうこと？」と途中で絵本の画面をのぞき込むことだって恐れない。これはこれで、かけがえのない、冒険読みです。

3　本の持ち方

●本を固定する

　さあ、いよいよ読み始めです。利き手で「のど」の下の部分を持って絵本を固定しましょう。ちょうど、譜面台の中心部分になったような気持ちで手首から上の手でブレないように絵本を固定するのです。こう説明すると、学生たちは「後ろは親指１本だけで持つんですか？　それとも親指と人差し指２本で持つんですか？」と必ず質問してきます。絵本のサイズによっても収まりやすい持ち方は異なりますので、「何本指で持つか」

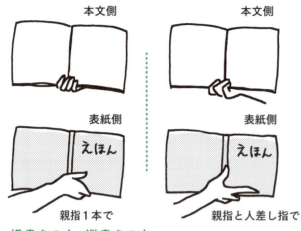

本文側　　　　　　　　　　本文側

表紙側　　　　　　　　　　表紙側
えほん　　　　　　　　　　えほん

親指1本で　　　　　　　親指と人差し指で

ということよりも、開いたページがよりよく見える、ぐらつかない持ち方をしてください。

　右利きの人は右手で持っていますから身体の右側に絵本を掲げるほうが楽ですし、左利きの人は身体の左側に本を掲げるほうが楽ということになります。

●横書きの本・縦書きの本

　しかし、ここでやっかいなことは、絵本には「横書き」のものと「縦書き」のものがあるということです。横書きの本の場合は、本を身体の右側に掲げるほうが、読み手としてはめくりやすい。ストーリーが左から右へと進行していきますから、右手で本を支え、空いている左手で手前の左ページ側から向こうの右ページ側へとページをめくり、その手を引くのが、見ている人の視線をじゃましない自然なかたちとなります。

　一方、縦書きの本の場合には、ストーリーの進行方向が逆で、身体の左側に掲げ内側から外側へとめくっていくと自然です。ですが、それでは、右利きの人は横書きの本が得意、左利きの人は縦書きの本が得意ということになりかねません。多少不便ではあっても、絵本のストーリー進行をより自然に見せるためには、絵本に合わせて臨機応変に、右でも左でも絵本を持てるようになればいちばんよいと思います。

●絵がかくれないように

　支え手は、「のど」の下の部分をしっかり、と書きましたが、作品によってはそこに重要な絵が描かれているときもあります。

『てじな』（土屋富士夫 作、福音館書店）では、支え手の部分に毒蛇が描かれていて、気づかずに「のど」をぎゅっと握っていたら、見ていた子どもが「あぶない！　かまれちゃう！」と叫んで、私の手を払いのけようとしてくれたことがあります。そんなときには、「おぉ、あぶないところだった！」と子どもによる救済をありがたく物語のなかに取り込んで、支え手の位置をずらすしかありませんね。これはこれで、お楽しみハプニングではあります。

4　絵本のめくり方

　次は、めくり方です。めくる手の使い方しだいで、作品世界が十分に引き立ったり、その世界の広がりが半減したりしますので、注意してください。

●本にあわせためくり方の工夫

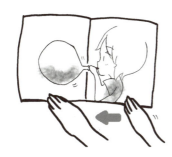 

　たとえば、『ねこガム』（きむらよしお 作、福音館書店）のように、主人公の男の子とネコが、横向きアップで対峙し、あっちからこっちへ、こっちからあっちへと、ガムのふくらましっこをするような場合は、「ぷうっ」っとふくらませる空気の勢いを強調するように、次のページの下部をめくる手で押し出していく。逆に「すう〜っ」と吸い込むときには、空気を抜いていくように、めくった手を引いていくようにすると、ちいさい読者の気持ちをより絵本世界に招き入れることができます。

●鏡の前で練習してみる

　また、『しずかなおはなし』（サムイル・マルシャーク ぶん、ウラジミル・レーベデフ え、うちだりさこ やく、福音館書店）や『木はいいなあ』（ユードリイ さく、シーモント え、さいおんじさちこ やく、偕成社）のように、空の高さや垂直な世界観を強調したいような絵本の場合は、ページの端上部を指先でつまみ、そこからから画面の下部まで指をすべらせてから、静かにめくると、作品世界の雰囲気を損ねなくて済みます。鏡の前で何度かめくってみて、めくる手がじゃまにならないように練習してみてください。

●ページをめくる速さと間

　読みの速度は、聞き取れないような早口であってはなりませんが、作品によって、また作品のなかの情感の盛り上がり曲線に応じて、自在に調整してもらいたいと思います。情感の盛り上がり曲線とは、作者が作品のなかに仕組んだものとは別に、1つずつの読みの場のなかで徐々にでき上がっていくものでもあります。

　たとえば『からすのパンやさん』（かこさとし、偕成社）のずらりと並んだおもしろパンの名前を読み上げるとき。猛烈な勢いで一気に全部読んでしまうことで、その迫力を子どもたちに届けたほうがいいなと感じる場であれば、思い切り早口に。でも、目の前の子どもたちが1個ずつのパンを、よだれでも出そうなほどうっとり見ていると感じたときは、いっしょに味など想像しながらゆっくり読んだほうがよいでしょう。

　こうした読みのペース配分やページをめくる速度と、途中で読み手と聞き手がふっとつくり出す「間」には、密接な関係があります。読みの「間」とは、読みの途中で黙る時間というような単純なものではありません。ことばを表に出さずそれぞれの心の内側にきゅっと取り込むことで、物語と人との距離をいきいきとリセットする鮮やかな装置です。ここまで読み進めておいてから、いったん「間」を取ろうなどと事前に考えても、ほぼうまくいきません。

　決して熟練の読み手でなくても、1つずつの読みの場を愛し、子どもたちの心の動きを自分の心に写し取りながら読み進めていけば、必ず「あ、今だ」「ここでひと呼吸」と、わかります。

　ちょっと横道にそれますが、私ははじめて出産したとき、助産師さんに「くり返し痛みの波がやってきて、その痛みは強くなっていきますが、いよいよこれは違うぞという痛みが来たら、ブザーを押してください」と言われました。「え？　ちょっ、ちょっと待ってください。私はじめてなので、どの痛みが『これだ』なのか、わかりません。比べようがないじゃないですか」とあえぎながら抗議しました。すると、助産師さんはにっこり笑って、「わかります。比べてわかるんじゃなくて、赤ちゃんのことをしっかり感じ続けていたら、必ずわかります」。

　そのとおりでした。「今だ」は、計算して割り出したり比較によって浮かび上がる瞬間ではないのです。自分なりのすてきな「間」を発見できると信じて、大事に絵本を読みあってください。

もう1つ、表紙と本文のあいだの見返しにも、たくさんの楽しいメッセージや本文につながるヒントがかくされている場合が多いですので、ちゃんと子どもたちといっしょに味わいましょう。たとえば、『いつもちこくのおとこのこ──ジョン・パトリック・ノーマン・マクヘネシー』(ジョン・バーニンガム さく、たにかわしゅんたろう やく、あかね書房)の見返しに書き連ねられたスペルをようく見ると、涙の落ちた跡や綴りまちがいなども見つかり、この文字がだれによってどんな気持ちで記されたのか、本文と絡みあってハッとしますよ。

5　絵本に敬意を表す

●表紙を見せ、作者名を読む

　絵本を読み始めるとき、表紙をしっかり見せ、タイトルと同時に作者や訳者、出版社の名前を必ず読みましょうという指導も一般的になされます。それは、作者に敬意を払うという意味でも、作品の普及という意味でも忘れてならない基本姿勢です。最後に表紙の表と裏を見せることも大切にしましょう。

　でも、作者名がなにかもまだわかっていない、うんとちいさい人に向けて絵本を読み始める場合には、無理になじみのない名前を声にして聞かせなくてもよいのではないでしょうか。作者名などはあえて読まずに、タイトルを読んだ後、そのままやわらかなことばで作品世界に誘い、読み終わった後で表紙をしっかりと見せるとか、最後に「きょうはこんな絵本を読んだね～」と、改めて絵本の書誌事項(タイトル、作者、画家、出版社など)を紹介するというような、臨機応変な態度も、その場その場で考えてもらいたいと思います。

　念押ししますが、じゃあ私はかた苦しくならないように表紙の書誌事項は読まないことにしよう、と勝手に決めてしまわないでくださいね。聞き手の子どもたちの年齢が上がれば、意味はわからなくても、聞き慣れない外国の名前でも、絵本を読むときにはまず、そういうことばが読み手の声によって大切に語られるものなのだな、と知っていくことも大切なのですから。

絵本読み いっしょに学んで はじめのいっぽ

43

6 絵本を読む場づくり

●環境づくりへの配慮

　絵本読みの環境づくりについては、窓から差し込む光や部屋の照明の反射によって開いたページが光ってしまわないような位置で行うことや、余計なものに目を奪われないよう読み手の背後の壁や子どもたちが座る敷物や椅子についてもなるべくシンプルな空間設定を工夫してほしいというような基本的なことを理解してもらったうえで、絵本読みの場づくりについて、少し視点を変えてお話ししたいと思います。

●「心の向き」「内なる自由」を考える

　絵本読みの「場」とは、必ずしもおとなが子どもに読んで聞かせる場とは限らないということです。私自身はそのことを「心の向き」として考え、たとえ声に出して読むのはおとなで耳を傾けているのは子どもであっても、互いが心を分かちあい響かせあいながら物語世界のなかに入っていく「場づくり」として「絵本の読みあい」をすすめてきました。

　絵本研究家の加藤啓子さんは、おとなが子どもに絵本を与えるのでなく、おとなも子どもも自分で好きな絵本を選べるその心の自由さを見守りたいという思いから、全国各地で「えほんのひろば」づくりを提唱されています。その場に並べられたおもしろそうな絵本たちは、すべて表紙を見せて並んでいます。「好きなように開いていいよ。読んでいいよ。笑っていいよ。寝そべって読んでも、友だちとだんごになって読んでもいいよ」という声が、絵本たちのあいだから聞こえてくるようです。

思い思いの本を選んでも、いっしょの場で本を開くのが楽しい。後ろにあるのは、段ボールで手づくりした絵本の「面展台」。子どもにちょうどよい高さで、絵本の表紙がよく見える

1冊の本をみんなで囲んで。寝転がれるのも心地よい

これは、保育場面におけるもっとも大切な「内なる自由」のありかについて考えることにつながります。「えほんのひろば」を支えるスタッフさんがそのことを端的に語っていますので、加藤さんのブログ「絵本あれこれなんじゃこれ」から紹介させていただきます。

● えほんのひろば スタッフ・上原真澄さんのレポート　　　　2017年11月2日

　わたしは、長年、おはなし会で絵本の読み聞かせをして来ました。初めて "えほんのひろば" に参加させてもらった時、「なんで、読み継がれた、良い絵本が並んでいないの？ せっかく、子どもたちが集まっているのだから、みんなで楽しめる読み聞かせの絵本を読んであげよう！」と、自ら持って行った絵本を取り出して、"えほんのひろば" の片隅で、子どもを集めて読み聞かせをしました。その時は、"えほんのひろば" に並んでいる絵本は、子ども向けではない本もあるなぁ。これ（写真集）って、小さい子向けじゃないよなって思いました。

　それから、何年か後に、他所の小学校で開かれる "えほんのひろば" に参加させてもらいました。その学校のボランティアグループの方が "えほんのひろば" に参加するボランティアの心得などを説明してくれました。

・"えほんのひろば" のスタッフは、子どもたちに読み聞かせはしない
・ニコニコと子どもたちのそばに居て子どもがみずから選ぶのを見守る

　子どものそばに居るだけという事に、ボランティアとして、なにかしてあげないといけないんじゃないか、読んであげて関わるのがボランティアなのに、なにをしたらいいのかと思いつつも、子どもたちのそばをウロウロとしていました。

　すると、あちこちで、自由に自分で選んで、絵本を取り囲む輪が出来ていました。わたしも、首を突っ込んで、仲間に入れてもらいました。すると、読み聞かせの時とは違う、子どもの姿が見られました。読み聞かせは、ボランティアがガイドさんになって絵本の世界を道案内しますが、"えほんのひろば" では、だれにもガイドしてもらわずに子どもが自分で好きな道を選んで歩いているみたいです。だから、自分が見つけた面白いモン（絵本）を、他の人に教えたくなって、「これ見て見て、ほら！」と言いたくなります。

　今まで、ボランティアは子どもより絵本の事を熟知していて、読みこなしていなければならない人だと思っていたのですが、"えほんのひろば" では、逆なんだとおもいました。

（後略）

どうでしょうか？　保育現場での絵本読みは、子どものためにおとながなにかしてあげなければならないという使命感から解かれて、どんなかたちであれ、絵本と子どもたちと先生と……みんなで「だいすき」を届けあう場づくりとして、大切にしたいですね。

● このコーナーのイラストは、ノートルダム清心女子大学の授業で絵本の読みあいを学ぶ学生が、自身の理解を深めながら描いたものです。野村有子さん、ありがとう（村中李衣）。

すこやか秋穂っ子プロジェクト

「絵本とおやすみ、いい夢たっぷりプロジェクト」から「そいね大作戦」へ

すこやか秋穂っ子プロジェクト実行委員会会長

原田洋子

文科省事業+オリジナルプロジェクトからスタート

山口市秋穂地区で約10年にわたって続けている、子どもの生活リズムの向上に向けた取り組みについてご紹介します。

始まりは、2008年、文部科学省から「子どもの生活リズム向上のための調査研究（乳幼児期の調査研究）」事業を受託したことにあります。スタート時のプロジェクト名は、「絵本とおやすみ、いい夢たっぷりプロジェクト」。この年、全国で叫ばれ始めた「早寝早起き朝ごはん」運動に、読書（読み聞かせ）を加えた秋穂オリジナルプロジェクトのスタートです。

地域内の保育園代表者、主任児童委員、社会教育委員、母子等保健推進員、食生活改善推進員、社会教育主事、保健師、図書館友の会などを中心に実行委員会を立ち上げ、実施に向けて試行錯誤をくり返しました。アドバイザーとして地元の児童文学作家さんや子どもの本専門店、そして、山口県子ども読書支援センターの司書さんにも加わってもらいました。各園、保護者へのアンケートの実施も含めご家庭の協力が不可欠でしたので、プロジェクトを始める前に各園を訪問。趣旨を説明し、園の垣根を越えた協力をお願いしました。

すでに本地域では、2003年度生まれの子どもからブックスタートを開始しています。対象者数が少なくこまめに説明してきたこと、1歳6か月児健診・3歳児健診時に読み聞かせの大切さについて語り、おすすめ絵本の紹介などアフターフォローをしてきていたことなど——これらの取り組みが相まって、どの園のご家庭でも今回のプロジェクトへのご理解をスムーズに得ることが自然にできました。

文部科学省委託事業は1年間でしたが、継続してこその活動です。絵本リレーやおやすみ前の絵本タイム、名付けて「そいね大作戦」は自分たちで自主的に続けていこうという提案が、園の側から上がりました。ここから、今につながる「そいね大作戦」が始まったのです。

継続のために知恵を出し合い

意識啓発のために絵本を仲立ちにした子育て座談会の開催、何年に1度の絵本リレーバッグ内容更新、おやすみ前の絵本タイム確保のための絵本カレンダーやシール

「そいね大作戦」のあらまし

- 実施期間：2008年8月〜10月、2009年9月〜11月、2010年秋以降は各園ごとに継続して実施中
- 就寝前に絵本（家にある本や園で借りた本）の読み聞かせをした日には、秋穂地域特製の絵本カレンダーにシールを貼る。
- そいね大作戦の期間中に読む絵本は自由。そのうち1週間は、1家庭が1週間かけて、絵本バッグに入った5冊（のちに食に関する絵本1冊を追加し、現在は6冊）の絵本を読むことにしている。
  月曜日に次のお友だちにバッグを渡して、クラスでリレーしていく。
- 「おやすみ前のおすすめ絵本リスト」（2008年2月、2009年8月、2010年7月改訂）
  おやすみ前にふさわしい50冊の絵本リストを作成。家庭に配布して継続的な取り組みを呼びかけている。

シールを貼る絵本カレンダー（絵本リレー用）

寝る前の親子絵本タイム

絵本バッグに入っている本

の用意、おすすめ絵本リスト作成などには、それなりに経費がかかります。最初は山口市の地域活動助成金、山口県きらめき財団助成金、地元のまちづくり協議会からの助成で活動してきましたが、2017年度からは発展的に、同協議会の地域福祉部会の直轄事業として取り組むなど、財源確保のためにあらゆる知恵を出し合いました。

地域のなかで、家族といっしょに楽しんで

うれしいことに、プロジェクトに参加した子どもたちの成長に合わせるかのように、地域内の学校の養護教諭の先生方から「学校でも生活リズム向上問題には、いっしょに取り組みたい。仲間に入れてほしい」という意向が寄せられ、現在は実行委

員会や企画会議開催時に同席していただいています。

　園児向けには絵本の読み聞かせの大切さや習慣化のための意識啓発を中心に取り組んでいますが、最近の児童・生徒、さらに乳幼児までのメインの課題はメディアとの関わりで、このテーマに関しても取り組み中です。

　毎年年度末には、各園が保護者からのアンケートをていねいにとってくださるので、多忙な日々の暮らしのなかにあっても、年間で2か月ばかりの「そいね大作戦」期間に出会うことで「家族でいっしょに絵本を楽しむ大切さ」に気づいてくださ

るご家庭が多いことがわかります。

　このプロジェクトが始まったときには地域内になかった市立図書館が開館したり、市外から転勤して来られた小学校の教頭先生から、「ここの子どもたちは本が好きですね」という言葉をいただいたりしたときには、とてもうれしかったです。

　小学校でのお昼休みの読み聞かせタイムでも切り替えよくお話が聞ける子どもが多いというのが、読み聞かせボランティアメンバーの感想でもあります。

　最後に、保護者からのコメントをご紹介します。

●保育園児のおかあさまより
　「絵本リレー」は楽しいです。自由に絵本を選ぶ他の日と違って、年齢に応じた絵本バッグにどんな絵本が入っているのか、おとなもワクワク。自分では選ばない本に出会い、「こんな本もあるのだ！　うちの子、この本も好きなのだ」と発見もあります。

　リレー用絵本バッグは、年齢別に年長、年中、年少、1歳半〜、0歳から1歳半程度までの5種類。絵本作家のとよたかずひこさんイラスト入りの布製バッグに6冊入っています。

　自分の順番が来て、お友だちからバッグを引き継ぐのもうれしいようです。

　ひもが長いのでバッグを持ってあげようとしても、「自分で持つ！」と言い張り、引きずるようにして持ってきますよ。

とよたかずひこさんのイラスト入り
布製バッグ

3

絵本のいろいろを知る

① ペーパーバックとハードカバー

　欧米では、同じ内容の本が、最初からハードカバー（上製）とペーパーバックと、2種類の造本スタイルで出版されることも多いです。ペーパーバックは廉価版で、針金（ホッチキス）で綴じただけの平綴じや中綴じでできています。日本の場合は、子どもにはきちんとした本を手渡すという意識が高いこともあり、ペーパーバックでの出版は基本的に月刊誌としてのものであり、ハードカバーの絵本が中心となっています。月刊誌として登場したペーパーバック絵本のなかで評判のよかったものは、最終的にハードカバーで改めて出版ということになります。つまり、ペーパーバックの絵本よりも、ハードカバーの絵本のほうが上等という意識が、つくり手側にも受け手側にも存在するようです。

ペーパーバック●作品世界と読者との距離の近さ

　ところが、実際の読まれ方を見ると、必ずしもペーパーバックよりもハードカバーのほうがよい、というわけではないことがわかります。

　たとえば、『てじな』（土屋富士夫 作、福音館書店）という絵本。1998年5月、「こどものとも年少版」として発行された後、2007年5月に幼児絵本シリーズとしてハードカバーで出版されました。この絵本は、手品師が「あんどら、いんどら」という呪文とともにページをめくるたび、みごとな手品の技が披露されるしかけものですが、ペーパーバックで読みあったほうが子どもたちの興奮度が高いのです。私も何度となくこの絵本のペーパーバック版で子どもたちとの読みあいを経験していますが、最終ページ、すべての手品を成功させた手品師が舞台の幕間からピースサインの手をのぞかせるのを見た子どもたちは、「おっちゃ～ん！　もっぺん手品やってぇ～」「もう1回、ねぇ、もう1回やってよぉ」と、登場人物の手品師に向かってアンコールの呼びかけをすることも、しばしば。しかし、ハードカバー版で読むと「りえさん、もう1回読んで」というふうに、私の絵本読みに対するアンコールが起きるのです。この違いはなんでしょう。

　同じようなことは、『ぐりとぐら』（なかがわりえこ と おおむらゆりこ、福音館書店）のペーパーバックとハードカバーのあいだでも起こりました。大きなおなべの中にでき上

がったふんわりカステラを森の動物たちといっしょに躊躇(ちゅうちょ)なくパクつくことができたのは、ハードカバー版よりもペーパーバックのほうだったという声を、何度となく聞きましたし、私自身も実感しています。これはどういうことなのでしょうか?

　ペーパーバックのほうが、作品世界と読者の距離が近いのです。本という枠を作品の自由さや開放感によって、子どもたちがやすやすと乗り越え、読み手の仲介なしに物語世界に入り込んでいきやすいのです。

ハードカバー●物語の最後を予感させる枠組み

　一方、ハードカバーのほうは、表紙、裏表紙、見返し、内表紙(総とびら・本とびら)、といった本としての体裁が強調されるため、「本のなかで起こる出来事」という意識がどうしても強くなります。それがいいかたちで生かされる場合も、もちろんあります。『はなをくんくん』(ルース・クラウス ぶん、マーク・シーモント え、きじまはじめ やく、福音館書店) の例をあげて考えてみましょう。動物たちがみんな眠る雪深い森に、なにやらかすかな異変が……。その異変の源を確かめるために、動物たちはみんな起き出し、鼻をくんくん言わせながら1か所に集まってきます。モノトーンの世界がどのページをめくってもどのページをめくっても続き、場面の展開する右方向へ向けて動物たちの動きが流れていきます。すべての動物が集まった最終場面の中央に、たった一輪黄色いちいさな花が咲きます。画面上に表される時間軸がぶれることのない単一の構造をもち、その方向性が「もうまもなく訪れる春」を予感させる美しい絵本です。

　この絵本には、ハードカバーならではの工夫が施されています。『てじな』の絵本で説明したように、表紙と裏表紙の装丁は、中に挟まれる本文のページよりもやや大きく、この表紙の少しはみ出た部分が本文の額縁のような役割を果たします。そして、『はなをくんくん』の場合、この額縁が黄色く彩られているのです。ですから、ハードカバーの絵本を手に取り読み始めると、モノトーンの世界を黄色い縁取りが囲むことになります。それはあたかも「まっていてね、もうすぐいいことがやってくるからね」という声にならない春の予感を象徴しているかのようです。

　一方、同じ作品を英語版のペーパーバックで読むと、表紙も裏表紙も、本文ページと同じサイズですから、最後のページまで、額縁効果を用いた「もうすぐだよ」という予感の伏線を演出することはできません。最後にいきなり現れる「春」。どちらがよいかで

51

はなく、つくり手側は、作品がどんなかたちでどんな距離で、読者と結びあいたいのか、そのことにあわせて本の体裁を考えること、また、絵本を選んで読む側も、この作品はどのような距離感でもって子どもに届けるのがいいかと考えてみることも必要となってきます。

❷ 絵本のサイズ

絵本の大型化・小型化の落とし穴

　図書館や幼稚園・保育園・こども園・小学校等で読み聞かせが活発に行われるようになり、大勢の子どもたちに見せやすいようにと、大型絵本を用いることが多くなってきました。出版社も読み聞かせに用いられやすい人気の絵本を、次々に大型化したり、逆にミニサイズのものを、ちょっとしたおしゃれや、お出かけ用（携帯版）として売り出したりもしています。でも、絵本のサイズには、それぞれの重要な意味があります。封筒に入れて送れるようにとミニサイズ版を作ったり、ボードタイプの大型絵本にしたりすることには、大きな落とし穴があります。

　たとえば、『はらぺこあおむし』（エリック゠カール さく、もりひさし やく、偕成社）は、世界中で翻訳出版され、日本でも圧倒的な人気を誇るため、「用途にあわせて」、さまざまなサイズで出版されています。けれど、ミニサイズの『はらぺこあおむし』では、子どもの指であっても、あおむしの虫食いの穴に通りません。指が通らないということは、しかけ絵本のおもしろさが半減するだけでなく、指を穴に通しながら読み手が「あおむしになっていく」大事な過程がそぎ落とされるということになってしまうのです。逆に、大型のボードブックでは、食べものにあいた穴が、げんこつが通るほど大きく、子どもの指で「あおむし自身が食べる」ことをイメージしにくくなります。

　『からすのパンやさん』（かこさとし、偕成社）は、見開き画面にずらりと並んだおもしろパンの数々に息をのみ、「ひゃー、こんなにたくさん、どれがいいかな」と、1つずつ目で確かめていくことが読み手の楽しみのひとつです。ところが、大型絵本の大きな画面いっぱいにパンが並ぶと、子どもも読み手も、その視野にすべてのパンを収めることは困難となります。情報量と子どもが一度に自分の視野に収められる範囲のバランスが崩れてしまうのです。それゆえ、パンの種類はまったく同じなのに、大型絵本では、読

み手も聞き手も楽しいはずなのに、なぜかページの途中で疲れてしまうというようなことが起きるのです。『おっぱい』（みやにしたつや 作・絵、鈴木出版）は、ゾウ、ネズミ、ゴリラ、ブタといろんな動物たちがおっぱいを飲んでいる姿が描かれ、最後に大好きなおかあさんのおっぱいが現れます。おっぱいを卒業した子どもたちも、てれながら幸福そうなまなざしを注ぐ、すてきなラストシーンなのですが、これが大型絵本になったことで、ちょっと困ったことが起きました。大型絵本を台の上で広げると、ちょうど、読み手の顔がその中央に乗っかったかたちとなるのです。『おっぱい』のラストシーン、見開きいっぱいに描かれたおっぱいの上に読み手の顔が乗ります。それを見た子どもたちから、「こわい」という声が上がるのを聞いてしまったのでした。

　紙の質や文字の色、装丁のありよう、本のサイズ……こうしたことは、つくり手側の周辺事情で「読み」とは無関係であり、「絵＋文」の中身だけが大事なのだと単純に考えてはならないのです。

③ ナンセンス絵本の読み方

読み手の声を拾う絵本の隙間

　絵本を読むときは、書かれている文字だけでなく、読み手の声を拾う「絵本の隙間」を意識することがとても大事になってくることがあります。この絵本のここがそうだと、すべてを説明することはできませんが、たとえば、子どもたちが大好きな長新太やスズキコージの絵本の多くには、そういう「絵本の隙間」があります。

　長新太の『チューチューこいぬ』（BL出版）は、読み手が自分の声と、絵本の空間世界の調整に心を配らなければ、読み手と聴き手が作品世界のおもしろみをたっぷり味わいにくい絵本のひとつだと思います。たとえば、見開き2場面め。

「チューチュー、こいぬが、とりのおっぱい　のんでるよ、みたいだけど、おっぱいは、でません」

「のんでるよ、みたいだけど」です。「のんでるみたいだけど」ではないのです。ここには、長新太独特のことばの隙間がありますよね。これを一定の拍（たとえば2拍子）にまとめながら読むと、自然にナンセンスなラップ調の読みが立ち現れてきて、おもしろいのですが、「チューチューと、こいぬが、とりのおっぱいをのんでいるみたいだけど、

おっぱいはでません」と、語と語のあいだにつくられた隙間をわざわざ埋めるようなテンポで、よどみなく読んでしまう読み手が意外に多いのです。作者のつくったことばをいじってはいけない、文字通りに読まなくてはいけないと、生まじめな読みを主張する人に限って、こうしたナンセンスな空間に対しては無頓着で、助詞の生かし方などは無視してしまいがちです。

『きゅうりさんあぶないよ』(スズキコージ、福音館書店)という絵本にも、スズキコージ独特の隙間があります。どの見開きにも、おとなと思われる動物たちのおせっかいな詮索を逃れて先へ先へと突き進むきゅうりさんの姿が描かれているのですが、呪文のようにくり返される「きゅうりさん　そっちへいったらあぶないよ　ねずみがでるから」というフレーズと、余白なく画面全体を塗りつぶす強烈なタッチの絵が、読み手をしばしばとまどわせてしまうようです。「子どもは大喜びなのですが、私にはなにがおもしろいのか、さっぱり意味がわかりません」というような読み手の感想をしばしば耳にします。この絵本の場合にも、呪文のようにまとわりついてくる音の響きをそのままに楽しめばよいと思うのです。

きゅうり さん そっちへ いったら あぶないよ ねずみが でるからぁ〜
Kyuuri **S**an **S**occhie **I**ttara **A**bunaiyo **N**ezumiga **D**eruka **R**a

声に出し、自然にアクセントをつけて読んでしまう接頭の部分を拾ってみると、〈K〉〈S〉〈S〉〈I〉〈A〉〈N〉〈D〉〈R〉となります。最初のK, Sは、破擦音で乾いたイメージを喚起させます。続くI, Aは母音で、後半のN, D, Rは、舌を上あごにすりつけて音を出すため、唾液が溜まり、よどみ湿ったイメージを喚起させます。こうした音の連なりが、まるで乾いた地面からずぶずぶと未踏の沼地に足をとられていくような、あてなく突き進むきゅうりさんの行動の不可解さを盛り上げているように思えます。いったいこの絵本はなにが言いたいのかと表面的な意味の世界に縛られて不自由な読みをすることなく、「声」と画面の響きあいにゆるく身を委ね、身体感覚のゆらぎを楽しめば、絵本の奥へ奥へと分け入ることができます。そんな読みもあっていいのです。

④ い〜っぱいの絵本

「い〜っぱい」な感じをひとかたまりに表現

　子どもにとって「い〜っぱい」は、1つひとつの数を拾うことなく、100個とか1万個、あるいは、「いちおくまんこ」といったとてつもない数のくくりで表されたりしますよね。それにならって、絵本に書いてあるたくさんの表現も、ひとまとめにして、多いのだということだけが強調されるように読めばいいのだと考えられがちです。

　たとえば、『ドオン！』（山下洋輔 文、長新太 絵、福音館書店）などは、画面いっぱいにちりばめられた太鼓の音の表現を1つひとつすべて声に出して表現せずとも、その音と音のぶつかりあいの激しいイメージが伝わればそれで十分に心が満たされる絵本です。また、おかあさんが娘になんとかして食わず嫌いのお豆を食べさせようとして、交換条件に提示する自転車やチョコレート工場などの数が、どんどんエスカレートしていく『ちゃんと食べなさい』（ケス・グレイ 文、ニック・シャラット 絵、よしがみきょうた訳、小峰書店）なども、画面いっぱいに描かれた交換条件の品々を全部きっちり読まなくても、「い〜〜っぱい」な感じが声で表現できればそれでよいと思います。

1つずつの「い〜っぱい」を声にのせて伝える

　けれど、いったん読み始めたら、ほんとうは、どんなにそれがたいへんなことでも、ひとつ残らず「いっぱいのなかの1つずつ」を「1つも漏らすことなく」読まなければならないはずの絵本だってあるのです。

『おじいちゃんのおじいちゃんのおじいちゃんのおじいちゃん』（長谷川義史、BL出版）は、ユーモアあふれる作品でありながら、いのちのつながりを伝える絵本として、評価されてきました。

「おじいちゃんのおとうさんはどんなひと？」「ひいひいおじいちゃんのおとうさんはどんなひと？」「ひいひいひいおじいちゃんのひいひいひいひいおじいちゃんはどんなひと？」というように果てしないぼくのルーツが明かされていくのですが、最後のほうになると、画面に描かれる「ひいひいひいひいひいひいひいひいひいひいひい……」の文字は気が遠くなるほどの量になり、子どもたちの前でこの絵本を読む人の多くが、ひと

まとめにして｛ひい～～～～～～｝と読み、そこで子どもたちを笑わせようとしたりもします。

　でも、よく考えてみれば、この「ひい～～～～～～～～」の連なりのひとつの「ひい」が欠けても、今ここにいる主人公「ぼく」の存在はないのです。すべての「ひい」が途切れずにつながって、奇跡のように今の「ぼく」が誕生している――このことを強く思わされる出来事がありました。

　小児病棟のプレイルームでおかあさんと入院している子どもたちに向けて、『おじいちゃんのおじいちゃんのおじいちゃんのおじいちゃん』を読んだときのことです。この絵本のラストシーンは「ぼくは……だれの　おじいちゃんに　なるのかなあ…。」でした。主人公「ぼく」のこの問いを声に出して読んだとき、黙って聞いていた男の子が、「ぼくはおじいちゃんになれんかもしれん」と、ぽつりつぶやきました。すると、それまでゲラゲラ笑って聞いていたみんなが、急にしゅんとなりました。難しい病気と闘っている子どもたちです。読んでいた私も、「おじいちゃんになれないかも」ということばが、彼らのいのちの時間と絡みあってとても息苦しいものになってしまい、この絵本、読まなきゃよかったと思いました。

　ところが、その次の瞬間、男の子のおかあさんが、その子をキュッと傍らに引き寄せ、「あなたがおじいちゃんになろうとなるまいと、あなたは私の大事な息子よ。いつまでも、大事な息子」と言ったのです。みんな、ほおっと安心したような息をつきました。今でもそのときのみんなのおだやかな笑顔が忘れられません。

　今ここにぼくが生きているのは、何世紀、何世代にもわたる途切れのないいのちの連なりがあったから。でも、ぼくがおじいちゃんになるかならないかは、ぼくの選択にまかされている。なにも小児病棟に入院している子どもたちに限ったことでなく、今生きている私たちすべてに、未来の糸の紡ぎ方は、まだ決められていないのです。だからこそ、今言えるのは「あなたが愛されてここにいる」という事実だけ。そういうあたりまえでとても大切なことが、実感された出来事でした。

　それ以来私は、この絵本をおもしろおかしく「ひぃ～～～～～」と適当に読むことができなくなってしまいました。どの「ひい」も、抜かしてはならないものに思えて。実際には、「ひい」の数を厳密に確認して読む、ということは不可能ですが、受けをねらった「ひい～」でなくそこにあるいのちの連なりをイメージして読みたいものです。

　同じように、『100ぴきのいぬ100のなまえ』（チンルン・リー　さく・え、きたやまようこ やく、フレーベル館）も、登場する100匹それぞれに名付けられた名前を省略すること は、決してできません。なぜなら、主人公の飼い主の女性は、100匹の犬すべてを、1 匹ずつ愛し、どの1匹のこともないがしろにしないからです。その飼い主の愛情をこそ、 聴いている子どもたちにはたっぷりともらい受けてほしいと思います。保育の現場は、 どんなにたくさんの子どもたちがいても、「みんな」でなく、あなたたち1人ずつを愛 しているのだと伝えることができる場所でもあります。ですから、飼い主が呼ぶ100匹 の犬の名前は、省略せず飼い主の気持ちに沿って100通りきっちり呼ばなくては意味が ないと思うのです。

　「い〜っぱい」をひとかたまりで表現してもいいのか、そのいっぱいの1つずつを声 にのせて伝えるべきか、作品ときちんと向きあって考えていきたいですね。

5　文字なし絵本

文字だけではない絵本のことば

　文字のない絵本は読みにくいという人がいます。それは、文字だけを目で追って読も うとしているからだと思います。絵本のことばは、文字にだけあるのではありません。 絵にも、余白にも、豊かなことばがあるのです。その豊かさを感じながら読むことがで きるようになると、文字のある絵本の読みも、これまで以上にスムーズにできるように なるはずです。

　たとえば、『うたが みえる きこえるよ』（エリック＝カール 作、偕成社）。たまたま、本屋 さんで、4歳くらいの女の子がこの絵本を見つけ、おかあさんに読んでと持っていく姿 を見かけたことがあります。カラフルで、どんどん不思議な世界が広がっていくこの絵 本、彼女がひきつけられたのはもっともなことです。ところが、パラパラと絵本のペー ジをめくったおかあさん、「あらいやだ。文字があるのは最初だけで、あとはぜんぜん文 字が書いてないじゃない。もっとちゃんと、文字があるのにしなさい」。

　文字がないこの絵本は、おかあさんにしてみれば、ちゃんとしていない絵本に見えた のでしょう。でも、ほんとうに、そうなのでしょうか？

　まっ黒な幕間から、まっ黒な姿をした演奏家が出てくるところから、この作品は始ま

　ります。演奏家はまず深々とお辞儀をして「みなさん！　わたしには　うたが　みえます。音楽が　えがけます。…」とあいさつします。そして、次のページでは、彼のバイオリンからぽろんと、美しいメロディが、生まれ出ます。そこからはもう、どんどん彼の音楽が色と形を帯びて、自由に画面の中を踊りはじけます。最後の最後の一音が演奏家のバイオリンからこぼれ出て、空気に吸い込まれていくと、彼は再び深々とお辞儀をして、幕間に消えていきます。もう彼の身体は、まっ黒ではなく、演奏で生まれた美しい色に包まれています。ひとりの演奏家の音楽が観客だけでなく、演奏家自身の心をもしあわせにすることを象徴する技法として、最後の演奏家の身体の色は、そこまでに演奏した曲のイメージ表現に用いた色彩と重なるかのようにコラージュされています。

　これは、エリック＝カールの代表的絵本『はらぺこあおむし』で用いられた、あおむしが食べたものの色彩が成虫となったチョウの美しい羽の色にも連動するようにコラージュされているのと、ひとつながりの思想であるといえます。そして、ここに登場した音楽家に、絵本作家エリック＝カール自身の創作表現の意味が託されているとも感じられます。自分の生み出した作品は、読み手にどんなふうに解釈されても感じてもらってもかまわない。その自由さが表現者としての自分の喜びにもつながっていくのだと。

　そう考えれば、差し出された1ページずつの美しい音楽表現は、読み手・聴き手の区別なく1人ひとりが「想像の翼を広げて」そのまま受けとめれば、その自由な時間は、会ったことのない作者エリック＝カールと喜びを分かちあう時間にもなるのです。読み手は「文字がないのにどう読めばいい？」などと心配せずに、ただ作品世界と喜びを分かちあえればいいのです。そのためには、この絵本から聞こえてくる音楽を読み手が感じ取れることが大前提です。おとなには、それこそが難しいのかもしれませんね。

絵本を感受する幼い少女の魂の力

　今から30年以上も前のことです。私は、医学部の助手として大学病院の小児病棟で小児看護の一方法として、読書療法の可能性について研究していました。そこで、中国からご両親とともに数年前に日本にやってきて、難しい病気の治療をしているひとりの少女に出会いました。彼女といっしょに、『うたが　みえる　きこえるよ』の読みあいを楽しんだのですが、一度最後のページまでを読み終わったあと、彼女は「貸して」と言って絵本を自分のほうに引き寄せ、もう1度、演奏家が音を奏で始めるところから、絵本

を読み始めました。彼女の唇から、澄んだきれいなメロディがこぼれ出ました。彼女は歌い始めたのです。今まで聴いたことのないメロディ、聴いたことのない歌詞でした。川の水が静かに流れていくように、その水のしずくがやがて大海に出ていくように、彼女の歌声は続きました。

　最後のページをそっと閉じたとき、彼女はにこっと笑って、「ちゅうごくの、シツレンのうたよ」と言いました。幼い彼女が「シツレン」の意味を理解しているとは思えませんでしたが、人を愛おしむ心、願い、別れ、そんなものが、彼女のなかでひとつになってわき上がってきたのでしょう。絵本の力、そしてそれを感受する幼い人の魂の力を教えられました。

作品によって異なる文字なし絵本の読み方

　同じ作家が関わった文字なし絵本でも、その読み方は一様ではありません。たとえば、『にわとりとたまご』（イエラ・マリ　エンゾ・マリ さく、ほるぷ出版）と『木のうた』（イエラ・マリ さく、ほるぷ出版）では、文字とは異なる「ことば」の広がり方、そして読者との距離の取り方が、まったく違います。ですから、おそらく、読み手のページのめくり方も、変わってくるはずです。

　黒地ににわとりのシルエットが鮮やかに浮かび上がり、そののち産み落とされた卵の中のいのちが熟していくさまが、透視画のように描かれている。やがて、ひよこの誕生、母鶏との関わりが、写実的に美しく展開されていく。この絵本は、1ページずつを大事に見せようという思いから、ていねいにめくりすぎると、まるで読み手がにわとりを怖がっているかのように感じられたりもします。実際に授業で学生がこの絵本を読んでくれたとき、あまりにそおっと1ページずつをめくるので、聴いている学生たちのあいだから「なんだか、にわとりのおかあさんに嘴（くちばし）でつつかれるのが怖くて、親子のそばに近づけずに遠慮してるみたい」という感想が漏れました。

　一方、『木のうた』は、めぐる季節のなかで、1本の木がすっくと立っているようすを定点で描いた作品。鳥が巣をかけヒナをかえそうと、リスがその実をかじろうと、色づく秋も木枯らしの冬も、その木がそこにあり続けることを見届けるように、心を整え静かにページをめくってほしい。余計な演出や感情を入れ込まず、無口な木の傍らで、ページをめくることで、聴き手に世界をまるごと手渡せる絵本です。

　また、『アンジュール　ある犬の物語』(ガブリエル・バンサン、BL 出版) や『たまご』(ガブリエル・バンサン、BL 出版) のような、ストーリー性のある、しかも芸術性の高い文字なし絵本は、どちらかと言えば、読み聞かせる第三者の介入なしに、心おきなくひとりで絵本の中の物語と対峙してほしいと思います。

『のにっき』(近藤薫美子、アリス館) は、野はらでいのちを失った 1 匹のいたちのその後の姿が無言で克明に描かれていきます。いのちの行方を見守る子どもたちの真剣なまなざしを支えるためには、おとなもいっしょに心静めて、いたちの朽ちていく身体とそこから新しいいのちへ手渡されるバトンを見届けなければなりません。おとなの勝手な感傷や解釈を押し付けるような読み聞かせや、目配りのしにくい大勢に向けた一斉読み聞かせには向かない絵本だと思います。10 人いれば 10 通り、いのちの引き継ぎを受けとめる速度があることを見失わず、ていねいな手渡し方をしてほしい絵本です。

　こんなふうに、文字なし絵本は、絵をたっぷり味わうだけでなく、文字でない「ことば」を存分に味わう楽しさも、聞き手といっしょに共有できるのだということを、覚えていてください。

4

絵本とともに育つ春・夏・秋・冬

絵本を読むとはどういう行為なのかを確認できたところで、絵本とともに育っていく心をじっくり味わってみましょう。「育っていく心」とは、聞き手である子どもの心だけでなく、いっしょに読みあうおとなの心でもあります。

　季節ごとに紹介する絵本は、もちろん、それぞれの季節にぴったりな絵本なのですが、ただの「おすすめ本」ではなく、季節を身体で味わいながら、大きくなっていくことの喜びをかみしめるために、あなたの声をどんなふうに用いればいいか、そのことを少しずつ考えてみたいと思います。ですから、ああ、そんなふうに読むんだったら、この季節には、こんな絵本もいいんじゃないかな、あの絵本もこんなふうに読んでみたらいいかも、とみなさんのレパートリーが広がっていけばいいなと願っています。

① めぐる季節のなかで

かるた	たこあげ	げんきなこ
こけし	しもやけ	けやきのめ
めだか	かげふみ	みずすまし
しがつ	つみくさ	さくらもち
ちまき	きつつき	きりのげた
たうえ	えひがさ	さくらがい
いなか	かなかな	なつやすみ
みさき	きいちご	ごむぞうり
りんご	ごいさぎ	ぎんやんま
まつり	りんどう	どうわげき
きのみ	みのむし	しかのこえ
えいが	がいとう	おおみそか

阪田寛夫「年めぐり　しりとり唄」
『ことばあそび4年生』
伊藤英治 編、高畠純 絵、理論社

　大きくなるということは、1年をめぐる旅の連続でもあります。1年をめぐってまた元の場所にもどるのではなく、らせんのように切れ目なく途切れなく少しずつ先へと進んでいくのです。だから、ぐるぐるは楽しい。だから、どこまでもどこまでも、うしろなんかふり向かずに、歩いていけるのです。

『ちいさいおうち』

　小高い丘の上に建つ1軒のちいさいおうち。りんごの木があって、ひなぎくが咲いていて、太陽が昇り沈むまでのゆるやかな時間の流れとめぐる季節のなかで、小さいおうちは変わらずそこにあります。その変わらなさは、時代が移り、都市化の波にもまれるなかで、痛々しい抵抗のかたちにも見えてしまいます。

　けれどある日、ちいさなおうちは、年月を経て、「おばあさんの家での楽しい思い出」を忘れずにいた孫との再会を果たします。おうちは、静かな田舎に移され、変わらない幸福な時を取りもどすことができました。

　ちいさいおうちのまわりの環境は、一定の速度で変貌していったのだと、これまでぼんやり思っていました。けれど、おばあさんの住むちいさいおうちで過ごした豊かでたっぷりした田舎の思い出を「まごのまごのまご」がまだ覚えていたということは、環境破壊の加速度が、ここ数十年で急激に増していったということでもあるのです。そしてそれは、今気づき行動すれば、まだ元にもどせるかもしれないという作者の希望のようにも読み取れます。

　めぐる季節のなかで、変わっていくものと変わらないもののあいだに生じる軋<ruby>き<rt>きし</rt></ruby>みをどう受け取りなにを守るのか、それはとてもむずかしい問いだけれど、しあわせのありかを見失わないというバートンのとってもシンプルなメッセージこそを読み手の声に乗せ、幼い人にもぜひ届けたいものです。

ばーじにあ・リー・ばーとん
ぶんとえ
いしいももこ やく
岩波書店

『がぶりもぐもぐ』

　地面から顔を出した1枚の葉っぱ。その葉をイモムシが、がぶりもぐもぐ。そのイモムシをコオロギががぶりもぐもぐ。そのコオロギを……と食物連鎖の流れがリズムのあるこ

ミック・マニングと
ブリタ・グランストローム 作
藤田千枝 訳
岩波書店

とばと明快な絵で語られていきます。最後は土の中の微生物のいのちを吸収して小麦が緑芽を出し、その小麦がパンになり、それを食する私たち人間へとつながっていくのですが、余計な解説をしなくても、最後に行きつく人間だけが、このめぐるいのちの輪っかの外にいることに、子どもたちも気づいてくれることがあります。

「がぶりもぐもぐ」ということばの力強い響きは、残酷さを表すのでなく、自分を生きるためにほかのいのちをもらい受ける「生き物の宿命」を覚悟することにつながっているように思います。

科学の絵本というジャンルで扱われがちですが、「あぁ、食物連鎖がテーマね」ということだけで片づけてしまわずに、いのちがめぐっていくダイナミックさや、そこにみなぎる「個を超える意思」のようなものを、あなたの声を通して、聞いている人たちに伝えることもできるのです。

『ジャリおじさん』

生まれ出たときには、自分と自分以外の世界を区別する認識はなく、世界はまるごと「わたし」であったはず。それがいつのまにか他者とは自分とは違うものだと知り、自分さがしの旅が始まります。

ジャリおじさんは、鼻のてっぺんから髭の出ている子どものようなおとなのような人です。「ジャリジャリ語」を話します。ピンクのワニといっしょに、旅に出ます。途中青ゾウさんやタイコおじさんなど不思議な存在との出会いも経て、「あおいおおきな神様」へのあこがれを抱きます。最終的に見つけた「あおいおおきな神様」とは、毎日眺めて暮らしていた目の前の海だった……めぐりめぐって、めでたしめでたしではなく、元の地平にたどり着いても、なにか落ち着かない。

えとぶん おおたけしんろう
福音館書店

このぞわぞわした感じの正体は、子どもの「わからなさ」へ向かう尽きない好奇心なのかもしれません。わかりにくいことをいやがらず、むしろおもしろがって、奇想天外な世界をたっぷり楽しんでください。描かれる世界を素直に受け入れ楽しむことは、子どもという不可思議な存在をしなやかに受けとめる心の体操でもあります。

2 くすぐったい春が来ました

かえるは冬のあいだは土の中にいて春になると地上に出てきます。
そのはじめての日のうた。

ほっ　まぶしいな。
ほっ　うれしいな。

みずは　つるつる。
かぜは　そよそよ。
ケルルン　クック。
ああいいにおいだ。
ケルルン　クック。

ほっ　いぬのふぐりがさいている。
ほっ　おおきなくもがうごいてくる。

草野心平「春のうた」

『げんげと蛙（ジュニア・ポエム双書20）』

ケルルン　クック。
ケルルン　クック。

草野心平 詩、長野ヒデ子 絵、銀の鈴社

春は、心も体も目を覚まし、新しいものに出会う期待感に満ちあふれています。

春のイメージ 草花の芽吹き、友だちとの出会い、そよ風の歌、指先の感触、跳ねる、うごめく、におう、一歩また一歩

谷川俊太郎 ぶん
長 新太 え
福音館書店

『めの まど あけろ』

　朝起きて、夜眠るまで、1日の生活を通して子どもに課される行為の1つずつが、楽しい詩に変身！

「めの まど あけろ　おひさま　まってるぞ／みみの まど あけろ／だれかが　うたってる」というささやきで朝を迎えること。耳を澄まし、きょうという1日のはじまりの音を聞くこと。そんなささやかないとなみがどんなに大切で愛おしいか、声に出して読むことで、しみじみわかります。

　自由な節まわしを付けて、鼻歌でも歌うように、やわらかぁ～く読んでもらえたら、その日中子どもたちの心は、きっと軽やかになることでしょう。

こしだミカ
架空社

『アリのさんぽ』

　生き物のいのちが芽吹き始める春。「このみち　いったい　どこまでつづいているんやろ」、1ぴきのアリが答えを探しに進んでいきます。バッタやモグラに出会ったり、タコやらイカやらに手紙を書いたりしながら歩いていきます。やがてアリは、知りたいと思う自分自身の気持ちが、そのまま道を作っていることをヌマベリに教わり、納得します。

　子どもたちは、ダイナミックで繊細な絵にごくりとつばを飲み込み、そのままくぎ付け。アリは「また あした さんぽしよう」とつぶやきますが、きょうと明日のつなぎ目をさんぽしながらまたぎ越していくということこそが、「一生」の正体なのかもしれません。

　登場するのは日本の春に生きるものとは限りませんが、春から夏へその後もずーっと続いていく道を予感しながら、ぜひこの季節に声に出して読んでほしい。ゆっくりたっぷり読んでいくと、沼の主、森の主になった気分で、これまで見ようとしてこなかった世界を見渡せるようにもなります。

『はじめまして』

おっきな声で、ちいちゃい声で、泣きそうになりながら、ぴょんぴょんはねながら、はじめて出会ったみんなの前でごあいさつ。「ねこやまたろうともうします」「ぞうやまはなこともうします」……。ごあいさつはどんどん進んでいきます。新しいともだちが、どんどん増えていきます。

わたしの名前は、だれでもないわたしだけのもの。ぼくの名前は、ぼくだけのもの。そんなうれしさ、誇らしさが、自己紹介にはあるんだということを、声に出して読むことで再発見できます。

作者である新沢としひこさんが作曲した楽譜も付いていますから、歌いながらページをめくってもいいし、もちろん、歌うなんて恥ずかしいや……っていうはにかみやさんの声で、そのまま読んでもいいと思います。

新沢としひこ 作
大和田美鈴 絵
鈴木出版

『だくちる だくちる──はじめてのうた』

あなたとわたしが出会うこと。それがどんなにうれしいことなのか、どんなに勇気を与えてくれることなのか、太古に誕生したイグアノドンとプテロダクチルス、ふたりっきりのめぐりあいが教えてくれます。自分しかいない世界に、もうひとりだれかが現れることで世界がどんなふうに変わるのか、それが「うれしくて　うれしくて」「もうどんどん　ばんばん　うれしかった」という詩人阪田寛夫さんのことばを通して、心に沁みわたってきます。

人間が生まれるずっとずーっと前という時間と場所に、長新太さんの絵によって、すうっと連れていってもらえます。なにげなく口にしている1つひとつのことばが、実は私たちの手にした尊い無数の出会いによって生まれているのだという感動にも包まれます。おとながこの絵本をゆっ

原案 V・ベレストフ
阪田寛夫 文
長 新太 絵
福音館書店

くりかみしめるように読む姿は、聴いている子どもの胸の奥に、果てしなさへのあこがれと、目の前にひとりいてくれることのうれしさの両方を届けてくれるはずです。

『わたしのワンピース』

えとぶん にしまきかやこ
こぐま社

ちいさなうさぎさんのちいさなミシンでつくり上げたまっしろなワンピースを、散歩の途中で出会った野の花や水玉や草の実がすてきな模様となって飾ってくれます。どの出会いもどの模様もとびきりうれしい。そんなうさぎさんの気持ちを「ラララン　ロロロン」というハミングするようなくり返しのフレーズがもり上げてくれます。「ラララン　ロロロン」、日頃口にする機会のないこのことばが、読む人、聴く人の心をほぐしてくれます。知らず知らずのうちに吐く息も吸う息も、やわらかくなって、春っていいなぁ～とうっとりするような気持ちになります。

最後に虹色ロケットのように夕日の中に吸われていって、やがて空は星空に……ここまでののびやかな冒険を勇ましい姿ではなくふんわりワンピースを着てごく自然にやってのけます。最後のページをたっぷりの満足感で閉じることができる理由のひとつが、ここにもあるのでしょう。

『あさになったのでまどをあけますよ』

荒井良二
偕成社

1日の始まりの朝は、いつも希望とともにあってほしい。でも、その朝の希望がもてないほど突然の不幸に見舞われた人々に向けて、私たちはせめて、静かに窓を開けて新しい風を呼びたい。窓の向こうの景色がほんの少しずつでも、生きていることの確かさを伝えてくれるようにと祈りながら。ハッとするほど美しい見開きごとの朝の絵には、作者である荒井良二さん自身が、傷ついた街や人々に対し

ていったいなにができるかを問い続けるなかで見つけた
「光」があるように思います。

　これと言ったストーリーはなく、同じことばがくり返さ
れますが、そのくり返されることばのなかに、「いつもど
おりの朝」を迎えられることの尊さが込められています。
その尊さを光ある声に託して読みたい１冊です。

『ぼく、だんごむし』

　だんごむしの「ぼく」が語る、普通のくらし。その「普
通」が人間にとってみれば、へぇ〜そうだったのかと、驚
きの連続。だんごむしがなにを食べているのかとか、だれ
が敵で、だれが仲間なのかなど、考えてもみなかったこと
が、わかりやすい絵とことばで、どんどん読み手の心のな
かに入ってきます。よく観察すること、そして虫のサイズ
になって世界を見渡してみること、そのおもしろさをたっ
ぷり味わえます。

得田之久 ぶん
たかはしきよしえ
福音館書店

③ エネルギッシュな夏

　　だぁれも　とおらない
　　おひるどき
　　あつくて　あつくて
　　スッポンは　こうらをぬいだ

　　　　　　　　　　　　　内田麟太郎「なつ」
　　　　　『たぬきのたまご（ジュニア・ポエム双書270）』
　　　　　内田麟太郎 詩集、高畠純 絵、銀の鈴社

　　すっぽんぽん

　夏のわき立つようなエネルギーは、元気な人も、なかなか元気の出ない人も、古い殻
を脱ぎ捨てるはずみをくれます。じっとしてなんかいられない。

夏のイメージ はじける、たぎる、浴びる、射す、乾く、くるくる回る、踊り明かそう

あき びんご
偕成社

『ゆうだち』

　南の島の暑い日にやってきたはげしい夕立ち。ヤギがうっかり雨宿りした先がオオカミの家だったことから、ヤギのいのちがけの歌謡ショーが始まります。あまりに必死であまりに奇天烈（きてれつ）な即興歌を声をこの際、張り上げ歌ってみることで、真夏の蒸し暑さなんか吹き飛んでしまいます。トリニダード・トバコ共和国の民話がもとになっています。

かたやま けん
福音館書店

『おなかのすくさんぽ』

　少年の暴発するエネルギーと、とことんつきあう絵本です。どろんこになり、山をはい上がり、洞窟にもぐり込み、坂道を転がる。獣にそーっと腕をかませ、身体がやりたいと求めることはぜ〜んぶやってみる。そんな子どもの魂のしあわせに、おとながおどおどしながらついていく……この絵本を保育者やおかあさんが声に出して読むということは、そんなふうに、日頃の立場を逆転させてみることかもしれません。

　暗くねっとりした絵の雰囲気は、かわいい絵本を子どもに与えたいと思っているおとなにはとまどいを与えるかもしれませんが、そんなとまどいはふり払って五感を最大限に働かせ、むせ返るような世界を楽しんでください。

えまさご ひであき
ミキハウス（三起商行）

『リズム』

　大地の恵みを受けて畑を整え、苗を植え、育て収穫し、その喜びを皆で分かちあう。こうした1つひとつのいとなみが、デザイン化された明快なシルエットと、はずむようなオノマトペ（擬音語・擬態語など）で描かれていきます。思わず自分の身体の内側から突き上げてくるようなエネルギーに包まれる快感を読みながら実感できます。

『うみのいえ』

　人間が海に捨てた空き缶や古タイヤや扇風機やらが、魚たちにとってはすてきな家に！

　タイヤの穴は産卵場所に、金庫は天敵から身を隠すのにもってこい。人間界での「価値」を無効にした、シンプルで気の利いた使いっぷりに、びっくりぎょうてん。子どもたちはまず、見たこともない美しい海の奥深くに生きるものたちの世界にうっとり。

　そして、あれ？　あそこにあるのは、もしかして長靴？あれは椅子？と、魚たちの家に変身している身近な品々に自分で気づき始めます。これは一般向けの写真集ですが、子どもたちも十分に楽しめます。

大塚幸彦
岩波書店

『わにわにのおふろ』

　とつぜん脱衣場のほうから、1匹のわにが風呂場にはいながらやってきます。

　水道の蛇口をひねったり、シャワーを浴びたり……いかなるときも愛想のない、わにわにのマイペースなしぐさと表情に、読者はくぎ付け。濁音交じりのオノマトペが、声を出すほうにも声を聴くほうにもビンビン響いて、あぁ、生きてるなぁ～としみじみ。

小風さち ぶん
山口マオ え
福音館書店

『ひまわり』

　夏の日差しを浴びて、ぐんぐんぐんぐん、どこまでも伸びていくひまわりのようすが、くっきりきっぱりした明るい線で描かれます。その力強い成長の様についていくだけで、読み手の背筋も伸びてきます。声に出して読むうち、目の前の子どもたちとともに素直な喜びが全身に満ちてくるのを感じます。

和歌山静子 作
福音館書店

長谷川摂子 作
ふりや なな 画
福音館書店

『めっきらもっきら どおん どん』

　主人公の少年は、夏の日の夕暮れ時に、神社で出会った不思議な生き物たちと、わくわくする世界を体験します。登場人物1人ずつの個性が際立っていて、まじないことばのおもしろさとともに、遊び心をくすぐります。そんなわけないよなぁ〜と思いながら、でももしかしたら……と、ファンタジーの余韻が、ページを閉じた後にまで続いていきます。

 　深い息をして秋

ぶどうのように、
ひとつ　ひとつが
まるく。

ぶどうのように、
みんなが　ひとつの
ふさになって。

ぶどうのように、
ゆったりと
においも　あまく。

ぶどうのように、
よろこびを
ひとから　ひとへ。

与田準一　「ぶどう」

『元気がでる詩3年生』

伊藤英治 編、高畠純 絵、理論社

　秋の野山は、実ることと散ること、色づくことと枯れていくことが背中合わせ。時間の流れゆくやるせない思いのなかで、自分のこと、自分を取り巻く世界のことを考えずにはいられません。

　秋のイメージ　かくれる、拾う、掘る、別れる、さみしい、哀しい、甘え、うっとり……

『キャベツくん』

　キャベツくんとブタヤマさんとの、どうってことない出会いが、どうってことある想像バルーンを、秋晴れの空に打ち上げていきます。ゴリラがキャベツを食べたらどうなる？　カエルがキャベツを食べたらどうなる？　と考えているうちに、私たちの頭のなかもすっかり軽くなって、空に浮き上がっていきそうです。

長 新太 文・絵
文研出版

『落ち葉』

　黒姫山山麓の秋。枝から離れ地面に落ちた葉っぱ1枚1枚のいのちを名残り惜しむように、水彩で細密に描写した絵本です。作者の静かな語りとともに、ページをめくることで、1枚ずつの葉っぱに風が送り込まれるようです。虫食いだらけの葉っぱも葉脈しか残っていない葉っぱも、どんな葉っぱもそのままで美しい。同じ葉っぱが1枚もないことにも、飽くことなく葉っぱを眺めていられることにも、素直に驚かされます。

平山和子 文と絵
平山英三 構成と写真
福音館書店

『としょかんライオン』

　町の図書館に、ある日1頭のライオンがやってきます。ライオンは図書館の「おはなしのじかん」が大好き。やってくる子どもたちのお世話をしたり、図書館員の仕事を手伝ったり、すっかりなじんできたときに事件が起こります。だれもが受け入れられ、だれもが心の自由を保障される場所としての図書館の魅力が、巧みなストーリーによってちいさい人たちにもよく伝わります。

　読書の秋に、こんなライオンの背にもたれて本が読めたら、どんなにすてきでしょう。

ミシェル・ヌードセン さく
ケビン・ホークス え
福本友美子 やく
岩崎書店

中川ひろたか 文
村上康成 絵
童心社

『さつまのおいも』

　畑の土の中で元気に育つさつまいもたちのようすがユーモアたっぷりに描かれます。いもほり遠足にやって来た子どもたちとの綱引きに負けて、いもたちが勢いよく土中から抜け出るシーンのあっぱれさに、読者の胸もスカーッ。そのあと、くり広げられるおならの競演にも大笑い。

　秋の日の大満足が、どんどん伝染していきそうです。

くどうなおこ 詩
あべ弘士 絵
童話屋

『かぜのこもりうた』

　サバンナでひとりかあさんとはぐれてしまった象の子ども。不安な夜を風の歌う子守歌がなぐさめてくれます。幼い人たちの「離れられない」気持ちと、「いつかはひとりで」のふたつの気持ちが揺れて揺らいで、泣きたくなります。でも、優しい風に見守られることで、また前を向いて歩き出せそう。詩人のことばの1粒ずつが光っています。

長谷川摂子 作
降矢なな 絵
福音館書店

『きょだいな きょだいな』

　ありえない世界が、大きな姿でドーンと目の前に迫ってきます。その絵の青空を突き抜けるようなのびのびした力強さに、読者の心も広がり、絵本のことばを声に出していっしょに口ずさみたくなります。絵本のなかの子どもたちの、なにも恐れず楽しげに跳ねまわり遊ぶ姿に、心の自由を学べます。

マリー・ホール・エッツ ぶん・え
まさき るりこ やく
福音館書店

『もりのなか』

　少年の心の旅です。少しの勇気と好奇心をもって、深層の森をくぐり抜けていきます。その途中に出あう動物たちとの交流は、少年がおとなになるための1つずつのステップ。最後に迎えに来てくれる父親との珠玉の会話は、いつ

かかけがえのない記憶へと変わっていく予感がします。モノトーンだからこそ広がる空想の世界が、美しい。

5 静かに静かに冬、そしてまた…

りん　りりん　り　り　り　り
ゆきの　はらっぱから　きこえる
とおくのようで　すぐそこに

りん　りりん　り　り　り　り
くさのめが　ゆきを　もちあげて
ちいさな　とんねるが　できていた

りん　りりん　り　り　り　り
そこから　ながれる　ゆきどけのおと
せかいいち　ちいさな　とんねるから

岸田衿子「りんりりん」

『へんな かくれんぼ─子どもの季節とあそびのうた』

岸田衿子 詩、織茂恭子 絵、のら書店

りん　りりん　り　り　り　り
り　り　り　り

冬は、世界がしーんとなります。息を潜めて、新しい季節を待ちます。うずくまったからだのなかにやがてやってくる春の希望を取り込み、冷えた心と体を温めます。

冬のイメージ 震える、もぐる、ちぢむ、待つ、踏みしめる、
　　　　　　　　踏み固める、ちいさな奇跡

『ゆきのひ』

ある朝、家の前に降り積もったまっ白な雪。幼い少年ピーターは、その雪の感触を全身で味わいます。ちいさな足跡をつけてみたり、雪の山にうずもれてみたり、すべり

エズラ=ジャック=キーツ ぶん・え
きじま はじめ やく／偕成社

おりたり……たっぷり遊んだそのあと、温かいお風呂で冷えた身体を温め、眠りにつくその瞬間、いつのまにか溶けてしまったポケットの雪に気づきます。雪のはかなさをてのひらで感じ取る。たった1日の物語のなかで、ピーターの深い成長をたどることができます。

『聖なる夜に』

クリスマスイブ、残っていたわずかなお金を奪われ雪の中に倒れてしまった貧しいおばあさんに起こる一夜の奇跡。奇跡を起こしたのは、日頃、教会の中で、人々に崇拝される人形の聖人たち。役割分担し、実際に動きまわる聖人たちがなんといきいきして見えることか。だれかのために尽くせるシンプルな喜びが、文字のない絵本の画面からゆっくり伝わってきます。

『パパはジョニーっていうんだ』

両親の離婚で離ればなれになってしまった父親と久しぶりに再会し、いっしょに過ごす少年にとっての時間。特別ななにかを期待するのでなく、ただいっしょにいられるそのことがなにより愛おしい。

限られた時間のなか、寄り添いあう父と息子の姿に、どうか時よ、もう少しふたりのためにゆっくり流れておくれ、と、読み手も聞き手も願わずにはいられなくなります。その願いをまるごと受けとめるような、誇らしいラストが用意されています。

『てぶくろ』

雪深い森の中におじいさんが落としていったてぶくろ片っぽ。そこへ、ネズミ、カエル、ウサギ、キツネと次々

ピーター・コリントン
BL出版

作 ボー・R・ホルムベルイ
絵 エヴァ・エリクソン
訳 ひしきあきらこ
BL出版

エウゲーニー・M・ラチョフ え
うちだ りさこ やく
福音館書店

に動物たちがやってきて、てぶくろの中に棲み始めます。しだいにぎゅうぎゅう詰めになっていくてぶくろの中の緊張感と、雪降り積もる外の世界のコントラストに、幼い読者の心は吸い寄せられていきます。ウクライナ民話の再話絵本で、日本でも50年以上読み継がれています。

『十二支のお節料理』

大みそか、十二支ファミリーは、総出で正月を迎える準備。だれひとり欠けても準備は整わない。それぞれに見あった役がまかされ、みんな精いっぱいその務めを果たします。日本の伝統文化の根っこにある「家族の日々をていねいに生きるルール」が、版画で描かれた色鮮やかな画面から、くっきりと浮かび上がってきます。

川端 誠
BL出版

『たのしいふゆごもり』

冬眠を前にあれこれ準備に忙しい母熊と寄り添う子熊。木の実やはちみつを採ったり、魚を捕まえたり、綿を摘んだり……そして集めた小枝で暖炉に火をつけ、冬眠前のたっぷりした食事。母親が進めるどの準備にも生きるための抜かりはなく、子どもはそれを見ながら、安心感のなかで成長していきます。

読み進める声も知らずおだやかになり、聞いている子どもたちはうっとり。

片山令子 作
片山 健 絵
福音館書店

『アンナの赤いオーバー』

戦争が終わりなにもかもが不足した時代、娘に暖かな赤いオーバーを着せてやりたいと願った母親がしたこと。それは、家にある大切なものを、オーバーを作る工程1つずつと、交換していくことでした。

ハリエット・ジィーフェルト ぶん
アニタ・ローベル え
松川真弓 やく
評論社

お金や権力にまかせて手に入れるのでなく、時間と真心をもってみんなで完成させたオーバーに象徴される「平和」の尊さを、読者も暖かく羽織ることができます。

『ゆうかんなアイリーン』

ウィリアム・スタイグ 作
おがわえつこ 訳
らんか社

風邪で寝込んでしまい、せっかく仕立て上げたドレスを届けることができなくなった母親に代わり、勇敢なアイリーンが、猛吹雪のなか、りっぱにその代役を務めます。絵本の画面全体から、アイリーンに向かって吹き付けてくる雪と風を感じます。読者はページをめくりながら、心のなかで「負けないで」「負けないで」と声をかけずにはいられません。アイリーンのひと足ひと足を、読者は自分の力にもしていけます。

5

きょうから役立つQ&A

Q1

集団で読んでいる途中で、勝手に立ち上がったり、動き出したりしちゃう子がいるときは、どうしたらいいんですか？

A こうした経験はどなたにもあるのではないでしょうか。そういうときには一度、深呼吸して考え直してみてほしいのです。「勝手に」と思ってしまうおとな側の身勝手さについて。

絵本を楽しむというのは、子どももおとなも現実のしがらみから解かれて、心を自由に遊ばせるということです。それなのに、「勝手に△△してはいけない」と言うのは、ちょっと矛盾していますよね？

いつも決まって絵本読みに集中できない子どもには、なんらかの原因があるかもしれませんから、そのことは心にとめておいて、絵本読みの時間とは別のところで考えてみることが大切です。

でも、たいていの場合は、自分と絵本世界とのいちばん心地よい距離を探っていることが多いのです。お部屋のカーテンにぐるぐる自分の身体を巻きつけながら、でも、実はストーリーの行方をしっかり見届けようとしている場合だってあります。ほかの子どもたちの妨げになるような場合には、「たいへんたいへん。今、鬼さんと一つ目小僧さんが海辺で対決してるところだから、どうなるか、そおっと見ていてあげようね」というように、できるだけ、絵本の世界から現実世界に引きもどらせないまま制止してあげてください。

そうでないと、せっかく絵本の世界に浸っていた子どもたちまで、現実世界に引きもどされてしまいますからね。

Q2

読んでいる最中に、「しろくまちゃんのエプロン、どうして途中で色が変わるの?」というような、返答に困る質問をされたときには、どう対応したらいいですか?

A 基本的には、その場ですぐ、その質問に対応しなくていいと思います。

　実は、『しろくまちゃんのほっとけーき』(わかやまけん、こぐま社)を読んでいるときに、実際に子どもたちから「しろくまちゃんのエプロン、どうして途中で色が変わるの?」という質問が出たことがあります。あまりに的を射た質問で、思わず笑ってしまいました。

　絵本を読んでいるときの子どもの率直な質問は、読んでくれている先生から、今すぐにその答えをもらうことよりも、「そんなことに気づいたぼくがここにいるよ」というアピールをせずにはいられない、という場合が多いのです。ですから、「ほんとだねえ。なんでかなあ」と、まずは質問してきた子の気持ちを受けとめ、その受けとめを先生だけでなく、その場にいる子どもたちみんなと目線で分かち合いたいですね。質問が出たことによって、子どもたちと保育者が1対1の関係になってしまったら、次々に、ぼくも私も、「こんなこと考えたから先生聞いて!」の関係に入り込んでしまいます。

　そして、なおも質問にこだわっているようであれば、「あとでみんなで考えようねえ」と言って、きっぱりはっきり「物語の声」で、作品世界にみんなを連れもどしてください。保育者は、いったん絵本を読み始めたら、絵本世界の住人であることを途中で放棄しないでください。これがいちばん大事なことです。なにがあっても、いったん始まった人生の冒険から「いち抜けた」はないんだ。最後まで自分の物語を歩み続けるしかないんだ。そうすればきっと、おもしろいことが待っている。人生って、苦しいことがあっても、決して捨てたもんじゃないよ、という応援メッセージを伝えること——それが、保育者がクラスの子どもたちみんなといっしょに絵本を読みあうことの意味だとも思うからです。

　ところで、子どもたちから質問が飛び出したしろくまちゃんのエプロンの色

について、やはり答えが気になり、絵本読みが終わったあとで、思いきって、出版社の編集部に問い合わせてみました。すると、ホットケーキを作るとき、食べるとき、後片づけをするときでは、エプロンを取り替えたほうが清潔だという、作者わかやまけんさんのお考えが反映されているのだそうです。

なるほど。色が変わったんじゃなくて、ちゃんと取り替えてたんだ、と納得しました。

子どもの好きな絵本には、ちょくちょく歌が出てきますが、そういうのが苦手です。やっぱり、歌わなきゃいけないんですか？

A 苦手なら無理に歌わなくていいと思います。

でも、「歌っているような気分で読む」ことはとっても大事なこと。

絵本の物語世界を「声」をもってたどるということは、音楽に身を浸すこととつながっているように思うのです。悲しい歌・喜びの歌、深く沈み込むメロディ、はずんでコロコロ転がるようなメロディ——それを感じながら声に出して読むしあわせを味わってください。

ところで、娘がまだ３歳くらいだった頃、『番ねずみのヤカちゃん』（リチャード・ウィルバー さく、松岡享子 やく、大社玲子 え、福音館書店）という本を夜よく読んでいたのですが、作品の途中でおかあさんねずみが子ねずみたちに歌って聞かせるシーンがあるのです。

　　♪もしも　小さな　板切れの上に

　　　おいしいチーズが　のっていたら

　　　すぐに　かぶりついては　いけないよ

　　　よくよく　しらべてみるんだよ

歌にはまだまだ続きがありますが、要はねずみ捕りのわなについて、おかあさんねずみがわが子に教える非常に重要な歌です。いのちに関わる教えを歌で子どもに伝えようとしているのですからね。さて、この部分、私にはどうしても明るいカラッとしたメロディが自分の声には合わない気がして、勝手に泥臭い土間でかっぽう着を着たねずみのかあちゃんが歌うようなメロディで歌って

いたのです。

　ところが、友人Mさんがこの絵本を読む機会にたまたま娘も居合わせてしまいました。Mさんは、絵本読みが抜群にうまく、その日の会場の雰囲気や子どものようすに合わせて、読み方も自由自在。その日は、ワインとチーズを楽しむおとな向けの企画のなかでのちょっとした絵本読みだったので、彼女はミュージカルふうに、軽やかに歌い踊るおしゃれなねずみのエプロンママの歌声を披露しました。私のそばにいて、その歌声をじいっと聴いていた娘が、わ〜んといきなり泣き出しました。「かあちゃんのとちがう。かあちゃんがいない！」。

　日頃、私のことを「かあちゃん」などと呼ばない娘です。ああ、私のことでなく、私の読みで彼女のなかに存在していた「かあちゃんねずみ」のことを言っているのだと気づきました。子どもは読んでもらうその声で、自分なりの登場人物を生み出し、その登場人物といっしょに生きるんだなぁと、教えられました。ですから、今でもわが家のかあちゃんねずみは、低い声で、少々音程を外しながら、**♪もしもぉ〜**と歌っています。

年齢の違う子たちがいっしょに集まって絵本を聴くときの絵本選びのコツを教えてください。

A **そういう場合は、基本、ストーリー性の高い読み物よりも、音やリズムを楽しむ絵本を中心に置くようにしています。**

　地域のおはなし会や、園内合同のお誕生会などでは、異年齢の子どもたちがいっしょに絵本を楽しむわけですから、どの発達段階に照準を合わせていいか、ちょっと悩むところですよね。同じ絵本を用いながら、赤ちゃんには音の響きを楽しんでもらい、2〜3歳くらいになったら、単純な展開のおもしろさや魅力的な絵を部分的にでも味わってもらいましょう。そして、大きくなるにつれ、内容とともにみんなが夢中で楽しんでいるその雰囲気を留めてもらう。また、それではもの足りないという子どもたちには、「すまないが、ちいさい子どもを楽しませる技を身につけているきみたちに協力してもらいたい」というふうに絵本読みに巻き込むミッションをさずけるようにすると、どの年齢に

もそれなりの意味がある絵本読みの場になります。

　たとえば、『ごぶごぶ　ごぼごぼ』（駒形克己さく、福音館書店）を思い切り表情と抑揚を付けて読んでみる。「できれば、音にあわせて手や足、身体全体の動きを加えてね」と最初に頼み、読み手自身も身体性をフル稼働させて読む。こんなふうに自由に読みあうと、どこでもどんなに年齢の離れている人たちとでもうまくいきます。他にも、音にあわせて読むことを楽しめる絵本や、五感をフル稼働させて読むナンセンス絵本や、食べ物がおいしそうな絵本、ダイナミックで遠目が利く絵本がおすすめです。本書巻末の「保育の場面に生かすブックガイド」の「異年齢で読める・楽しめる絵本40」も参考にしてくださいね。

ストーリーを知っている子が「それ知ってる！」「次は〜だぞ」などと先に言ってしまうのですが、どうしたらいいですか？

Ⓐ　**先生が今から読んでくれるその絵本を自分も知っているというのは、子どもにとってみれば、黙ってなんかいられないほどの喜びなのだということをまずは心にとめてください。**

　得意げに「知ってる！」と叫びたくなるのも無理ありません。でも、率直な喜びの発言も、知らないお友だちにとってはネタばらしになってしまうので、ちょっと工夫がいりますね。

　私の場合は、「そうか。では、○○ちゃん、この絵本読みの応援団長をきみにまかそう。先生の本読みに協力してね」というように、本読み側の協力隊に巻き込むことが多いです。たいていの場合この依頼は、真剣なまなざしとともにこっくりうなずいて承諾されます。

　考えてもみてください。読み手の私だって、○○ちゃん以上に何回もこの絵本を読んで「知っている」のです。でも、何度読んでも楽しい。そういう意味でふたりは、理解しあえる仲間になりうるのです。そこで、適当なところでセリフの一部を言ってもらったり効果音や擬音を出してもらったり、あるいは、そういう小細工が不似合いな絵本の場合は、最後の「おしまい」ということばを心を込めて言ってもらったりします。

　また、大勢の子が何度も読んで知っている場合には「知ってる」「知ってる」のコールをがっちり受けとめ、「そうね。みんなの大好きな〇〇を読むよ。さあ、きょうはどんなふうかな？」と、毎回新しい発見をくれる絵本の力を信じて、どうどうと読んでください。

Q6

絵本に書いてある通りに読んでいると、どうもテンポがあわないことがあるんです。やっぱり、書いてある通りに忠実に読まなければダメですか？

A **あなたの感じる現場での「読みのテンポ」が、あなたのひとりよがりなものでなく、聴いてくれている子どもたちや場の空気感にあったものであれば、それでよいと思います。**

　あまり窮屈に考えず、そのテンポを壊さずに読むことを優先してかまわないと思います。たとえば『くっついた』（三浦太郎、こぐま社）は、「〇〇と〇〇が」／「くっついた」という2拍子のくり返しで心地よく進む楽しい絵本ですが、「おかあさんと　わたしが」「くっついた」のページ、そしてさらにもう1ページ、「おとうさんも　くっついた」とあり、3人でくっつく場面があります。

　けれど、必ずしも3人いっしょでいることが幸福だとは言いがたい状況の子どもたちがいる場合など、無理して最後まで読んで終わらせようとは思いません。

　また、『さわらせて』（みやまつ　ともみ　さく、アリス館）の場合も、本書第2章のワークで紹介したように、さわりたいと頼む側、さわらせてあげる側、両方の気持ちよさを声で味わえたような場合は、ラストの場面の「さわってみると　たのしいな」は、なんだか片方側からだけの感想で共感しづらいので、読まなかったり、「さわられるのも　たのしいな」とつけ加えたりすることだってあります。勝手にストーリーを変えてしまってはいけませんが、あまり神経質にこだわりすぎなくてもいいと思います。

　もちろん、昔話を忠実に再話した絵本のような場合には、語りの文法がちゃんと織り込まれていますから、なるべくそのまま声に出して読んでもらいたいと思います。

Q7

年齢の離れた兄弟姉妹が、読んでもらいたい絵本を競り合い、せっかくの絵本読みタイムがけんかみたいになってしまうと嘆くおかあさん方に、いいアドバイスはありませんか？

A　よくおすすめしているのが「おにいちゃんの絵本タイム」「○○ちゃんの絵本タイム」というように、ちょっとした演出を交えた絵本読みの工夫をするということです。

　　たとえば、厚紙で作った三角柱にそれぞれの名前を記し、これを立てて、代わるがわるに読むというやり方です。弟の三角柱が立っているときには、ふたりで聴いているけれど、メインは弟。次はおにいちゃんの三角柱を立てて、「はい、お待ちかね。おにいちゃんの絵本タイムです」というように、だれに読んでいる時間かメリハリをつけるのです。両方大事にしているのだけれど、1人ずつに向けて1つずつの物語を届けているのだということを改めて意識することができる、親にとってもいいチャンスだと考えてみてはどうですか？

　　おかあさんがそんなふうに、いらいらせずに前向きな気持ちでいれば、その安定感が子どもたちにも必ず伝わって、いい時間になりますよ、とお話ししてみてくださいね。

Q8

私、絵本を読んでいると、感きわまって泣きそうになっちゃうことがあるんです。それってやっぱり、まずいですよね？

A　「感動の押し売り・押しつけ」はいけませんが、自然に涙がこぼれてしまう場合は、しかたないじゃありませんか。

　　涙もろい人、比較的クールに読める人、人それぞれです。テレビのドラマを見ていたってすぐに泣いちゃう人もいれば、ぜんぜん平気な人だっているでしょう？　子どもたちも「あれ、せんせい、どうしちゃったのかなぁ～」と、

その場で理解することはできなくても、先生の心のなかで大切ななにかが動いているんだな、ということはわかります。その大切ななにかをそっとしておいてあげなきゃと感じることができるのも、子どもたちのやさしさです。

　こわがらず、自然に読みましょう。そして、読み終わったら、気持ちをさっと切り替えましょう。新しい物語がたくさん、希望をもって、あなたに読まれることを待っているのですから。かくいう私も、大好きな『ぶたばあちゃん』（マーガレット・ワイルド 文、ロン・ブルックス 絵、今村葦子 訳、あすなろ書房）という絵本を、ある時期からまったく読めなくなりました。どうしても、孫むすめのために自分のいのちの仕舞い支度をするおばあちゃんの気持ちが、亡くなった私の母の思いと重なって、涙なしに読み進められなくなったからです。涙を出すだけならいいのですが、その涙から先へと顔を上げられない自分の気持ちが、この作品のラストシーンの、孫むすめのしゃんとした立ち姿にまでたどり着けない。でも、いつかまた読めるようになる日が来るといいなと思っています。

　絵本はどこまでもやさしく、読まれる日を待ってくれる。そのことが、読み手を何度も励ましてくれます。

絵本を読んでいるとき、絶対にやってはいけないことって、なんですか？

A　先にお話ししてきたとおり、絶対にやってはいけないことは、「絵本の世界の住人であることを勝手にやめてしまうこと」だと思います。

　読んでいる途中で子どもたちが騒いでいるからと言って、ページをパタンと閉じて「ちょっと、いいかげんにしなさい！」と叱ってしまったら、せっかく物語世界に入り込んでいたほかの子どもたちは、絵本の世界に置き去りです。いったんページをめくったら、よほどのことがない限り、最後のページまできちんとたどり着く姿を子どもたちに見せてあげてください。それは、自分の人生を最後まで生き切るイメージに、どこかでつながっていくはずです。

　そして、最後のページが終わったら、ていねいに本を閉じて、裏表紙を見せたあと表紙に返す――そこには、こんな約束のかたちがあるのです。

「いっしょに読めて楽しかったね。日常でどんなにいやなことがあっても、できないことがあっても、絵本のページをいったん開けば、あなたはどこまでもどこへでも、心の羽を伸ばせるんだよ。だけど、どんなに楽しいからと言って、ずうっと物語の世界に入り込んだままっていうわけにはいかない。読み終わったら、勇気を出して、外の世界に出て来なければ……。でも、もしまた、この物語があなたにとって必要になったら、いつでも喜んでいっしょにまた、物語世界に入っていくよ」

　このことさえ忘れなければ、少しくらい途中で読みがつっかかっても、めくり方がへんてこりんになってしまったとしても、それは、大したことではないと、私は思います。

最近、バイリンガル絵本と銘打った絵本が流行ってますが、言語の順番はどう読むのがいちばんいいんでしょうか？

A　必ずしも両方の言語を語る必要はないかなと私は思います。

　確かに『はらぺこ あおむし』（エリック゠カール さく、もり ひさし やく、偕成社）や、『ぽちぽち いこか』（マイク・セイラー さく、ロバート・グロスマン え、いまえ よしとも やく、偕成社）、『スイミー』（レオ゠レオニ、訳 谷川俊太郎、好学社）など、子どもたちに人気の定番絵本が「英語でも読める」という宣伝文句とともに、日本語と英語を併記する出版を試みています。

　絵でストーリーが十分に理解できる場合には、新しくリズミカルな音を楽しむという目的で英語だけで読んでもいいと思います。逆に英語で読んだだけではどうしても子どもたちがストーリーの流れについていけそうにない絵本の場合は、あらかじめ日本語であらすじを伝えておくという工夫を加えればよい場合もあると思います。

　また、あえて代わるがわるの言語を伝えることで独特の間が生まれるような場合もあります。タイの保育園での絵本読みの場面で、『ぞうくんのさんぽ』（なかのひろたか さく・え、なかのまさたか レタリング、福音館書店）を日本語を先に、次にタイ語でと、代わるがわるに読むことで、のんびり愉快な間が生まれ、想

像以上に豊かな作品世界の広がりが生まれたこともありました。

「こう読まなければいけない」と形式を固定することなく、それぞれの絵本、それぞれの空間で、「今、なにをいちばん重視すればよいか」を見定められるようになってほしいものです。

　もう1つ付け加えるならば、2つの言語を併記した絵本は画面の構成やタイポグラフィ（読みやすい文字の配列のルール）を無視している（余白が文字で埋まる等）場合が多いので、要注意です。

　よほどの必要がなければ、私は原書は原書で、翻訳絵本は翻訳絵本で、それぞれのものを用意したほうがいいと思っています。

〈最後の質問〉
**りえ先生は、「あなたの声を大事にしなさい」って言われますが、
自分の声を大事にしてさえいれば、
淡々と読んでも気持ちのままに読んでも、いいんですか？
先生は「淡々と読む派」「抑揚をつけて読む派」どちらですか？**

A **あえて、「淡々と読む派」「抑揚をつけて読む派」の2派に分けてどっち派と問われれば、私はどっちの派にも属しませんと答えるしかないです。**

　絵本をだれかが声に出して読むということは、物語世界をいったん自分の内側に取り込んで熟成させて、その実りをもう1度、目の前の子どもたちに届けるということ。ですから、どう届けるのがいちばんふさわしいか、それを考えながら、毎回、自分という「声の額縁」のつくり方を決めます。読みの場の「響きあい」こそが、「額縁」を選ぶいちばんのポイントです。

　私は大ざっぱな性格で、おもしろがりやな部分がかなりありますから、その額縁はあまりきちんと正確ではなく、手ざわりの感触が楽しめるようになっている場合が多いかもしれません。でも、聴いている子どもたちのことなどそっちのけでひとりで盛り上がるというようなことはしないように気をつけているつもりです。

　う～ん、反省することはしょっちゅうですけれどね。

よむよむセカンドブック
ブックスタートから2冊目の絵本プレゼントへ

熊本・水俣市立図書館

冨吉正一郎

4か月健診で絵本をプレゼント

熊本県水俣市では、2007年に、「日本一の読書のまちづくり」を宣言し、すべての市民が読書に親しみ、人生をよりよく深く見つめ、生命（いのち）安らぐまちの実現を目指して、家庭や学校、地域での読書活動の振興に取り組んでいます。

その一環として、2008年から隣接する津奈木町とともに、絵本を介して乳児と保護者に、肌のぬくもりを感じながら言葉と心を通わすかけがえのないひとときを分かち合ってもらおうと、乳幼児4か月健診時に、絵本をプレゼントする「ぐるりんぱブックスタート」事業を開始しました。

「ぐるりんぱブックスタート」事業では、毎年度、専門家が選書した絵本5種類の

なかから1冊と、赤ちゃんの絵本読みについての情報などをリサイクル封筒に入れ、贈っています。

また、赤ちゃんとの絵本読みの楽しさを実感してもらおうと、市立図書館や子育て支援施設の職員による絵本読みも、あわせて行ってきました。

園の協力を得て
セカンドブック事業へ

「ぐるりんぱブックスタート」事業を続けるなかで、さらなる事業展開を図るため、2012年から2冊目の絵本をプレゼントするセカンドブック事業の検討を始め、いろいろなアイディアを出し合った結果、2015年よりセカンドブック事業の予算が確保されました。

そこで、セカンドブック事業に対する協力の可否や要望について、水俣市内にあるすべての保育園・幼稚園14園（現在は保育園6園・幼稚園3園・認定こども園5園）を訪問してこの事業にどんな形で参加してもらえるか、対象者への選書補助、希望絵本確認、贈呈式の実施等への協力可否・対象児年齢・贈呈時期・園独自のおススメ絵本の選書冊数を確認しました。

その結果、すべての園から協力可能との回答を得ることができ、さらに「園の子どもたちが自分ではじめて選ぶことを大事にしたい」「セカンドブックが子どもの心の糧になるような忘れられない1冊になりますように」「保護者も巻き込んだ取り組みにできたら、より望ましい」などの貴重な意見をもらうことができました。

はつの・あそびの森こども園の贈呈式のようす。
水俣市の教育長から、対象となる親子にたくさんの想いが重なった絵本を手渡す

「想い・選ぶ・つながり」を
キーワードに

　それらをふまえて、2015年8月、「想い・選ぶ・つながり」をキーワードとした「よむよむセカンドブック」事業実施要項を制定しました。「よむよむセカンドブック」事業では、水俣市内に在住もしくは、水俣市内保育所等に在所し、満6歳を迎える幼児及びその保護者に対して、希望する絵本を1冊贈呈することとしました。

　また、希望する絵本の確認や贈呈については、水俣市内の保育所、保育園、幼稚園、認定こども園などの関係機関と協力して実施することとしました。

　この「関係機関と協力して実施する」ということが、水俣独自のセカンドブック事業を生み出すきっかけとなりました。

　それは、園児や絵本に対して、各園がそれぞれの想いをもとに協力いただいたおかげです。例えば、希望絵本の確認方法について、ある園では、保護者に呼びかけて自分が子どもの頃に読んだ絵本の思い出を語りあいながら、子どもたちに贈りたい絵本を選ぶ機会をつくったりしました。

　ある園では、保育者たちが、自分たちがおすすめする絵本を紹介するパンフレットを作成して配布するとともに、その絵本を親子で読むことができるようにしていました。

　またある園では、5歳児担当の保育士の先生と子どもたちが、思い出の1冊にしようと話し合い、クラス全員同じタイトルの絵本を希望することもありました。

「『宝物』を
ありがとうございます」

　贈呈式では、水俣市の市長や教育長が園に赴き、絵本を子どもたち1人ひとりに手渡します。その贈呈式の内容も各園さまざまです。

　保護者もいっしょに参加する園、保護者のメッセージを入れた手作りしおりを添えて贈呈する園、卒園式のなかで贈呈する園、市立図書館が所有する動く絵本キャラバンカー「みなよむ号」の派遣を依頼する園などがありました。

　そのなかで、すべての贈呈式に共通していることがあります。それは、自分の絵本を受け取った子どもたちが、大事そうに絵

2009年、講談社から水俣市立図書館に寄贈された絵本約650冊を搭載した動く絵本館「みなよむ号」

本を抱えている姿が見られることです。

子どもから「『宝物』をありがとうございます。ずーっと大事によみます」という感想をもらうこともありました。

2017年で「ぐるりんぱブックスタート」事業を開始して10年が経ち、「よむよむセカンドブック」事業も3年目を迎えました。

「ぐるりんぱブックスタート」事業で絵本と出会うきっかけをつくり、「よむよむセカンドブック」事業で贈る絵本が、子どもたち1人ひとりにとってはじめて自分で選んだという想いや、保護者や保育士の先生たちの子どもたちの健やかな成長を願う想いなど、たくさんの想いが重なったかけがえのない1冊になっていくよう継続的な事業展開を目指しています。

最後に協力いただいている園からのコメントを紹介させていただきます。

● 水俣さくら保育園　　　　　　　　　　　園長・山田誠次

　子どもたちは絵本が大好きで、園では毎日絵本をたくさん楽しんでいます。幼少期から絵本に親しむことは言語の獲得、情緒の安定、豊かな感受性及び健やかな道徳観の醸成において多大な効果があり、加えてその後の成長過程においては、絵本以外の読書につながり、知的活動の伸展が大いに期待されます。

　加えて「よむよむセカンドブック」の事業では、絵本を推薦する保育者の思い、ともに選ぶときの保護者の思い、贈呈式での社会からのメッセージを感じ受けとめることができます。1冊の絵本との出会いに保育者、保護者、そして社会との関係性を付加できるということで、本を通じた行政の働きかけとしては、実に的を射たすばらしい事業だと感じています。

　この経験はきっと子どもたちと保護者の、気持ちと記憶に強く残り続けるでしょう。園としても心から感謝しつつ、今後長く続いていくように協力していきたいと思っています。

● はつの・あそびの森こども園　　　　　　園長・田中健太郎

　園では、保育者が一方的に読み聞かせたり、たくさんの冊数を読むことを目的とせず、大好きな1冊、心に残る1冊を持ってほしいという想いで、環境づくりを含め絵本等にふれる活動を行っています。セカンドブック事業の取り組みが始まるとき、これは親も巻き込んでいくチャンスと思いました。5歳児の保護者が園に集まり、わが子への特別な1冊をわいわいと選びます。自分が子どもの頃大好きだった本、寝る前に布団の中で親が読んでくれていた思い出、わが子に本を通して伝えたいメッセージなどなど。選ぶ理由はさまざまですが、わが子への想いを伝えるよい機会になっているようです。

　おとなも絵本について語るとき、子どもの頃に返って楽しそうです。子どもたちは、本といっしょに大事なものを受け取っています。このような取り組みが永く続きますよう願っております。

保育の場面に生かす ブックガイド

ここでは、実際の保育場面を思い浮かべ、こんなときにこんな絵本を読みあえば楽しいんじゃないかな？　子どもと過ごす一瞬一瞬がもっといきいきしてくるのでは？と思える本を、年齢や読みあいの状況やさまざまな項目別に選びました。初心者向けの演じやすい紙芝居も紹介しています。

あくまでも、読みあいへの誘いとして作成していますから、ご覧になって、この絵本よりあの絵本のほうが…とか、もっとこんな絵本もあるわ…というように、お1人ずつのオリジナルリストが生まれるきっかけになることこそを願っています。

ブックガイド作成にあたり、書誌情報は原則として表紙の表記を採用しました。
残念なことですが、絶版絵本や品切れ絵本は省く方向で作業を進めました。そのため、ほんとうはリストに入れたかったのに…という本も少なくありません。
紙芝居については、そもそも単品購入が難しいため、図書館の力を借りることも想定して選んでいます。

「ようこそようこそ、あなたを愛するこの世界へ」「あなたを愛するこの場所へ」という思いを読む人の声にのせて、生まれて間もない人に届けられるしあわせを感じながら、絵本を楽しんでください。めくると絵が変わる、めくるとぱっと世界が開ける、という２拍子の単純なリズムを楽しむことができるのも、この時期にふさわしい絵本といえるでしょう。

「なにかを教える」などというこざかしい思いにとらわれず、ちいさい人のいのちに明るい光を注ぐように、はっきりとした喜びの声で読んでくださいね。

●とくに０−１歳に読んであげたい絵本

母音の［a］［o］そして子音の［p］［b］をなるべく明快に読むよう意識してみてください。

○（マル）の中に・（点）があるおっぱいのような形に心ひかれる時期でもあります。絵本の単純な形が、安心感を与えてもくれます

きたきた うずまき	元永定正 作		福音館書店
くっついた	三浦太郎		こぐま社
コップちゃん	ぶん 中川ひろたか	え 100% ORANGE	ブロンズ新社
こんにちは どうぶつたち	とだきょうこ あん	さとうあきら しゃしん	福音館書店
じゃあじゃあ びりびり	まついのりこ		偕成社
だっだぁー	ナムーラミチヨ		主婦の友社
でてこい でてこい	はやしあきこ さく		福音館書店
どうぶつのおやこ	薮内正幸 画		福音館書店
まり	谷川俊太郎 文	広瀬弦 絵	クレヨンハウス
もこ もこもこ	たにかわしゅんたろう さく もとながさだまさ え		文研出版

●とくに1-2歳に読んであげたい絵本

音のシャワー、声のシャワーを浴びるだけでなく、その音や声、そして色といっしょに心も動き出すこの時期、たいそうなストーリーでなく、ちいさなお楽しみのある絵本をさがしましょう。

いーれーてー	わたなべあや		アリス館
かお かお どんなかお	柳原良平		こぐま社
こちょこちょ	福知伸夫 さく		福音館書店
チューチューこいぬ	長新太 さく		BL出版
どうすればいいのかな？	わたなべしげお ぶん	おおともやすお え	福音館書店
はいちーず	山岡ひかる		アリス館
ぴょーん	まつおかたつひで		ポプラ社
ぽんぽん	内田麟太郎 作	畑中 純 絵	鈴木出版
りんごがころん	文 中川ひろたか	写真 奥田高文	ブロンズ新社
わたしの	三浦太郎		こぐま社

●とくに2-3歳に読んであげたい絵本

心の動きもずいぶん活発になってきます。描かれている世界の中に自分も入り込んで心の伸び縮みを体験できます。「大丈夫。この絵本を開いているあいだは、どんな冒険もできるんだよ」という、読み手のあたたかな世界の広げ方が頼りです。

おひさま あはは	前川かずお		こぐま社
かばくん	岸田衿子 さく	中谷千代子 え	福音館書店
松谷みよ子あかちゃんのわらべうた さよなら さんかく またきて しかく		上野紀子 え	偕成社
しろくまちゃんの ほっとけーき	わかやまけん		こぐま社
だからこぶたちゃん	きたやまようこ		偕成社
どっとこ どうぶつえん	さく 中村至男		福音館書店
ねずみくんのチョッキ	作 なかえよしを	絵 上野紀子	ポプラ社
ぱかぱか	福知伸夫 さく		福音館書店
はけたよ はけたよ	ぶん かんざわとしこ	え にしまきかやこ	偕成社
ぼくのくれよん	おはなし・え 長新太		講談社

3－6歳
毎日が新しい発見の日々に絵本30

　この時期の人は、みんなおもしろがりやの自由人。絵本を読みあ
うと、声に出して物語世界に誘うはずが、いつのまにか、みんなの
好奇心の渦に巻き込まれて、いっしょにドキドキ・ワクワクしてし
まい、あたりまえに見えていた世界が何十倍も豊かになることがあ
ります。おとなも子どもも、隔たりなくいっしょに育ちあう、そん
な空間が絵本読みの場から広がるといいですね。

●とくに３-４歳に読んであげたい・読みあいたい絵本

　なんでかな？　こうしたらどうなる？と自分で考え不思議の国に果敢に向かっていく
時期です。彼らの知的好奇心に伴走するような気持ちで、いろいろなジャンルの絵本に
挑戦してみてください。

うんぴ・うんにょ・うんち・うんご	村上八千世 文	せべまさゆき 絵	ほるぷ出版
エンとケラとプン	いわむらかずお		あかね書房
おおきなかぶ	A.トルストイ 再話 内田莉沙子 訳　佐藤忠良 画		福音館書店
こっぷ	谷川俊太郎 文　今村昌昭 写真　日下 弘 AD		福音館書店
三びきのこぶた	瀬田貞二 やく	山田三郎 え	福音館書店
そよそよと かぜがふいている		長 新太 さく	復刊ドットコム
てじな	土屋富士夫 作		福音館書店
どうぞのいす	作 香山美子	絵 柿本幸造	ひさかたチャイルド
よかったね ネッドくん	シャーリップ さく	やぎたよしこ やく	偕成社
よこむいて　にこっ	高畠 純		絵本館

●とくに４-５歳に読んであげたい・読みあいたい絵本

　他者への共感の気持ちが育つこの時期には、少し長いお話でも、リズムや音の響き、
そして絵の力に助けられ深い物語を自分流に味わえるようになります。読み手もやわら
かな心と身体で、子どもと響きあう読みを楽しみましょう。

あーと いってよ あー	小野寺悦子 ぶん	堀川理万子 え	福音館書店
うんこ日記	村中李衣	川端誠	BL出版

さびしがりやの ドラゴンたち	シェリー・ムーア・トーマス ぶん ジェニファー・プレカス え　灰島かり やく	評論社
しりとりあそび ちゃいろ	星川ひろ子・星川治雄	小学館
だいくとおにろく	松居 直 再話　　　　　赤羽末吉 画	福音館書店
ねえ、どれが いい？	ジョン・バーニンガム さく　まつかわ まゆみ やく	評論社
ふゆめがっしょうだん	冨成忠雄・茂木 透 写真　長 新太 文	福音館書店
ベーコン わすれちゃだめよ！	パット＝ハッチンス さく　わたなべしげお 訳	偕成社
ルラルさんのにわ	いとうひろし さく	ポプラ社
わにさんどきっ はいしゃさんどきっ	五味太郎	偕成社

●とくに 5 - 6 歳に読んであげたい・読みあいたい絵本

　じきに小学校へ上がる人たちです。悲しみや怒りやわけのわからないくやしさや、そういうさまざまな感情を見逃さず、ごまかさず、自分なりに心の引き出しに収める力がつくよう願って、ていねいに読みましょう。

あつおのぼうけん	作 田島征彦・吉村敬子	童心社
いちは かたつむり、 じゅうは かに	Ａ・Ｐ・セイヤー／Ｊ・セイヤー ぶん　Ｒ・セシル え 久山太市 やく	評論社
島ひきおに	山下明生 文　　　　　梶山俊夫 絵	偕成社
スーホの白い馬	大塚勇三 再話　　　　　赤羽末吉 画	福音館書店
ズーム	イシュトバン・バンニャイ	復刊ドットコム
とのさま1ねんせい	作・絵 長野ヒデ子　本田カヨ子	あすなろ書房
雑草のくらしーあき地の五年間ー	甲斐信枝 さく	福音館書店
パパはジョニーって いうんだ	作 ボー・Ｒ・ホルムベルイ 絵 エヴァ・エリクソン　訳 ひしきあきらこ	BL出版
ひとりひとりの やさしさ	文 ジャクリーン・ウッドソン 絵 E.B.ルイス　訳 さくまゆみこ	BL出版
ボタ山であそんだころ	石川えりこ さく・え	福音館書店

保育の場面に生かす ブックガイド

　保育の現場では、異年齢の子どもたちがいっしょに絵本を楽しむ
場面が数多くあります。また、家庭では、兄弟姉妹が別々に絵本を
読んでもらうということはめったになく、いっしょに1冊の絵本を
共有するわけですから、そのときにそれぞれの現在が輝くような、
味わいの許容範囲が広い絵本が、求められます。音の響きが心地よ
かったり、絵本世界への多様なアプローチが可能な絵本が向いてい
ます。

　たとえば、『こんとあき』のような、一見、ちいさい人にはちょっ
と長くて無理かなと思える絵本も、声に出して読む人が心を和らげ
くつろいだ気持ちを声にのせて読めば、おにいちゃんやおねえちゃ
んの興味についていくように、最後までいっしょに楽しむことがで
きるということを覚えておきたいですね。

いただきバス	作 藤本ともひこ 絵		鈴木出版
いっぽんばし わたる	五味太郎		絵本館
いろいろばあ	新井洋行		えほんの杜
うし	内田麟太郎 詩	高畠 純 絵	アリス館
おうちなのね	ぶん 中川ひろたか	え 100% ORANGE	ブロンズ新社
おへそのあな	長谷川義史		BL出版
かぜ びゅんびゅん	新井洋行		童心社
がたん ごとん がたん ごとん	安西水丸 さく		福音館書店
ケーキやけました	彦坂有紀	もりといずみ	講談社
ごぶごぶ ごぼごぼ	駒形克己 さく		福音館書店
ごろごろ にゃーん	長 新太 作・画		福音館書店
こんとあき	林明子 さく		福音館書店
さわらせて	みやまつ ともみ さく		アリス館
しっぽがぴん	おくはらゆめ		風濤社
スープになりました	彦坂有紀	もりといずみ	講談社
ぞうくんのさんぽ	なかのひろたか さく・え なかのまさたか レタリング		福音館書店

だるまさんが	かがくい ひろし さく		ブロンズ新社
だーれのおしり？	よねづゆうすけ		講談社
なわとびしましょ	長谷川義史		復刊ドットコム
にゅるぺろりん	長 新太 絵	谷川俊太郎 文	クレヨンハウス
ねこガム	きむらよしお 作		福音館書店
ねこどんなかお	村上しいこ 文	MAYA MAXX 絵	講談社
はぐ	佐々木マキ		福音館書店
バナナです	川端 誠 作		文化出版局
バナーナ！	藤本ともひこ		講談社
ぱん だいすき	征矢清 ぶん	ふくしまあきえ え	福音館書店
パンどうぞ	彦坂有紀	もりといずみ	講談社
ひ ぼうぼう	新井 洋行		童心社
びゅーん びょーん	しゃしん・ぶん ふじわらこういち		新日本出版社
ぷくちゃんのすてきなぱんつ		さく ひろかわさえこ	アリス館
ぶたラッパ	さく・え 下田昌克	らっぱ 谷川俊太郎	そうえん社
まるくて おいしいよ	こにしえいこ さく		福音館書店
まるまるまるのほん	エルヴェ・テュレ さく たにかわしゅんたろう やく		ポプラ社
みんな おなじ でも みんな ちがう	奥井一満 文　得能通弘 写真　小西啓介 AD		福音館書店
もけらもけら	山下洋輔 ぶん　元永定正 え　中辻悦子 構成		福音館書店
もっといろいろばあ	新井洋行		えほんの杜
もみじちゃんと チュウ	村上康成		ひかりのくに
ゆうたはともだち	きたやまようこ 作		あかね書房
りんごがひとつ	ふくだすぐる 作・絵		岩崎書店
るるるるる	五味太郎		偕成社

　病気で元気のないときは、そのまま心のはずみかげんに影響してくるものです。そんなときには、長いストーリーや、集中力をもって主人公の心の起伏についていかなければならないものよりも、1ページずつのおもしろさや、ぱっとめくったときの展開の鮮やかさで、思わず内なるエネルギーを引き出されるような絵本が求められます。

　その一方で、画面の細部にまで生きていることの喜びや愛がゆき渡っているような絵本も、こんなときだからこそ、いろいろなことを忘れて、じいっと見入ることができます。

あ	大槻あかね		福音館書店
いのる	長倉洋海		アリス館
いろいろおすし	山岡ひかる		くもん出版
いろいろごはん	山岡ひかる		くもん出版
いわしくん	菅原たくや		文化出版局
うんちレストラン	新開 孝 写真	伊地知英信 文	ポプラ社
おんちのイゴール	きたむらさとし		小峰書店
かまきりっこ	近藤薫美子		アリス館
かがみのえほん きょうのおやつは	わたなべ ちなつ さく		福音館書店
ケーキに なあれ！	ふじもと のりこ		BL出版
10ぱんだ	岩合日出子 ぶん	岩合光昭 しゃしん	福音館書店
しろくまのパンツ	tupera tupera		ブロンズ新社
す～べりだい	鈴木のりたけ		PHP研究所
象虫	小檜山賢二		出版芸術社
空の王さま	文 ニコラ・デイビス 訳 さくま ゆみこ	絵 ローラ・カーリン	BL出版
それ行け!! 珍バイク	by HANS KEMP		グラフィック社
だいすきなもの	写真 公文健太郎		偕成社
ちいさなふしぎな森	新宮 晋		BL出版

でんしゃがきました	三浦太郎	童心社
とってください	福知伸夫 さく	福音館書店
ねこが いっぱい	グレース・スカール さく　やぶきみちこ やく	福音館書店
ねずみさんのながいパン	多田ヒロシ	こぐま社
ねんね	文 さえぐさ ひろこ	アリス館
ひげじまん	こしだミカ 作	小学館
ぶぅさんのブー	100% ORANGE　及川賢治・竹内繭子 さく	福音館書店
ぼうしとったら	さく tupera tupera	学研
ぼちぼちいこか	マイク＝セイラー さく ロバート＝グロスマン え いまえ よしとも やく	偕成社
ほね、ほね、 きょうりゅうのほね	バイロン・バートン さく　かけがわやすこ やく	ポプラ社
まかせとけ	三浦太郎	偕成社
みんがらばー！ はしれはまかぜ	文 村中李衣　絵 しろぺこり	新日本出版社
みんなのかお	さとうあきら 写真　とだきょうこ 文	福音館書店
むしを たべる くさ	渡邊弘晴 写真　伊地知英信 文	ポプラ社
やさいは いきている そだててみよう やさいの きれはし	藤田智 監修　岩間史朗 写真	ひさかたチャイルド
わにわにのごちそう	小風 さち ぶん　山口 マオ え	福音館書店
ONE TO TEN びっくりかずあそび	作・絵 チャック・マーフィー 訳 きたむらまさお	大日本絵画

1日だって同じ日はないけれど、そんななかでも、あぁ、きょうは特別な日になりそう、っていう予感でお部屋の空気が満たされるときってありますね。そんなとき、押し付けのないゆるやかな気分の共有ができる絵本が傍らにあると心強いですね。

さんぽ の気持ちをもりあげてくれる絵本

あるいてゆこう	五味太郎		ポプラ社
おでかけのまえに	筒井頼子 さく	林明子 え	福音館書店
きょうりゅうくんとさんぽ	シド・ホフ 作	いぬい ゆみこ 訳	ペンギン社
くまさん おでかけ	なかがわ りえこ ぶん	なかがわ そうや え	福音館書店
とっとこ とっとこ	まついのりこ さく		童心社
ぼくは あるいた まっすぐ まっすぐ	マーガレット・ワイズ・ブラウン／坪井郁美 ぶん　林明子 え		ペンギン社
ロージーのおさんぽ	パット＝ハッチンス さく	わたなべ しげお やく	偕成社

あめふり の空を見あげた後に読む絵本

あめふりさんぽ	えがしらみちこ		講談社
かさ	作・絵 太田大八		文研出版
かさ	松野正子 さく	原田治 え	福音館書店
かさ かしてあげる	こいでやすこ さく		福音館書店
コッコさんとあめふり	片山 健 さく・え		福音館書店
のんびりつむりん あめのひいいな	おおい じゅんこ 作・絵		教育画劇
ワニくんのレインコート	みやざき ひろかず さく・え		BL出版

みず・みずあそび でひやひや・どきどき・ちゃぷん

およぐ	なかの ひろたか さく	福音館書店
ガンピーさんの ふなあそび	ジョン・バーニンガム さく みつよし なつや やく	ほるぷ出版
ぐりとぐらの かいすいよく	なかがわりえこ と やまわきゆりこ	福音館書店
こぐまちゃんの みずあそび	わかやまけん	こぐま社
しずくのぼうけん	マリア・テルリコフスカ さく ボフダン・ブテンコ え　うちだりさこ やく	福音館書店
じゃぐちをあけると	しんぐうすすむ さく	福音館書店
みず ちゃぽん	新井 洋行	童心社

どろ・どろんこあそび でべたべたのびのび

こぐまちゃんのどろあそび	わかやま けん	こぐま社
つち どすん	新井 洋行	童心社
どろだんご	たなか よしゆき ぶん　のさか ゆうさく え	福音館書店
どろんこ こぶた	アーノルド・ローベル 作　岸田衿子 訳	文化出版局
どろんこ どろんこ！	わたなべ しげお ぶん　おおとも やすお え	福音館書店
どろんこハリー	ジーン・ジオン ぶん マーガレット・ブロイ・グレアム え わたなべ しげお やく	福音館書店
どんどこ どん	和歌山静子 作	福音館書店

虫 だらけ・ちくちくだらけの日々

アリからみると	桑原隆一 文	栗林慧 写真	福音館書店
ありの あちち	つちはしとしこ さく		福音館書店
エステバンと カブトムシ	文 ホルヘ・ルハン　絵 キアラ・カッレル 訳 松田素子		BL出版
旅する蝶	新宮 晋		文化出版局
なく虫ずかん	松岡達英 え　篠原榮太 もじ 佐藤聰明 おと　大野正男 ぶん		福音館書店
ほたるホテル	カズコ・G・ストーン さく		福音館書店
むしホテルへようこそ	ぶん きねかわ いつか　え 近藤薫美子		BL出版

どんぐり・木の実 がころころ見つかるかなぁ

おちばいちば	西原みのり		ブロンズ新社
ガオ	田島征三 作		福音館書店
どんぐり ころころ	監修 大久保茂徳	写真 片野隆司	ひさかたチャイルド
どんぐりころちゃん	みなみ じゅんこ		アリス館
どんぐり とんぽろりん	作 武鹿悦子	絵 柿本幸造	ひさかたチャイルド
どんぐりむらの ぼうしやさん	なかやみわ さく		学研
びっくり まつぼっくり	多田多恵子 ぶん	堀川理万子 え	福音館書店

星・月 がきれいだなぁ～の想いといっしょに読む絵本

お月さまってどんなあじ？	マイケル・グレイニエツ 絵と文　いずみちほこ 訳		らんか社
くらくて あかるい よる	ジョン・ロッコ 作	千葉茂樹 訳	光村教育図書
たなばた むかし	大川悦生 作	石倉欣二 絵	ポプラ社
つきよの かいじゅう	長 新太 さく		佼成出版社
どこへいったの、 お月さま	F・アッシュ えとぶん	山口文生 やく	評論社
パパ、お月さまとって！	エリック=カール さく	もりひさし やく	偕成社
まんまる おつきさん	ねじめ正一 さく	さいとうしのぶ え	偕成社

雪・雪・雪 にぼ～ぜんの日に読む絵本

おおさむこさむ	こいでやすこ さく	福音館書店
お化けの冬ごもり	川端誠	BL出版
月夜の みみずく	ヨーレン 詩 くどうなおこ 訳 ショーエンヘール 絵	偕成社
トムテ	リードベリ さく ウィーベリ え やまのうちきよこ やく	偕成社
ふゆはふわふわ きせつのえほん	五味太郎	小学館
ゆきのひ	加古里子 さく・え	福音館書店
ゆきのひの ゆうびんやさん	ぶん こいでたん	え こいでやすこ	福音館書店

うんち・おしっこ・おなら はからだの味方です

うんちしたのは だれよ！	ヴェルナー・ホルツヴァルト 文 ヴォルフ・エールブルッフ 絵　関口裕昭 訳	偕成社
おなら	長 新太 さく	福音館書店
おならうた	谷川俊太郎 原詩　　飯野和好 絵	絵本館
こいぬのうんち	クォン・ジョンセン 文 チョン・スンガク 絵 ピョン・キジャ 訳	平凡社
しっこっこ	西内ミナミ さく	和歌山静子 え	偕成社
みんな うんち	五味太郎 さく	福音館書店
もっちゃう もっちゃう もう もっちゃう	土屋富士夫 作・絵	徳間書店

おっぱい・はだか・おふろ はどれも気持ちいいね

おっぱい	みやにしたつや 作・絵	鈴木出版
おっぱい おっぱい	わかやまけん	童心社
おふろだいすき	松岡享子 作	林明子 絵	福音館書店
からだの みなさん	五味太郎	福音館書店
そら はだかんぼ！	五味太郎 作	偕成社
天女銭湯	作 ペク・ヒナ	訳 長谷川義史	ブロンズ新社
どうぶつのおっぱい	監修 中川志郎	構成・文 わしおとしこ	アリス館

ごはん・おにぎり・おべんとう はなんたってうれしい!

おにぎり	平山英三 ぶん	平山和子 え	福音館書店
おべんとう	小西英子 さく		福音館書店
おべんとうばこのうた	構成・絵 さいとうしのぶ		ひさかたチャイルド
きょうのごはん	加藤休ミ		偕成社
ごはん	平野恵理子 作		福音館書店
14ひきのあさごはん	いわむらかずお		童心社
べべべん べんとう	さいとうしのぶ		教育画劇

おばけ・かいじゅう はこわいけど会ってみたいな

おばけがぞろぞろ	ささき まき		福音館書店
おばけのてんぷら	作・絵 せなけいこ		ポプラ社
おまえ うまそうだな	作・絵 宮西達也		ポプラ社
かいじゅうたちの いるところ	モーリス・センダック さく じんぐうてるお やく		冨山房
どーんちーんかーん	武田美穂		講談社
ねないこ だれだ	せな けいこ さく・え		福音館書店
めっきらもっきら どおんどん	長谷川摂子 作	ふりやなな 画	福音館書店

のりもの ゴーゴー

あっ!	中川ひろたか ぶん	柳原良平 え	金の星社
いちにちのりもの	さく ふくべあきひろ	え かわしまななえ	PHP研究所
かん かん かん	のむらさやか 文　川本幸 制作 塩田正幸 写真		福音館書店
たぬきのじどうしゃ	ちょう しんた さく		偕成社
DX版 新幹線のたび 〜はやぶさ・のぞみ・さくらで日本縦断〜	コマヤスカン		講談社
でんしゃでいこう でんしゃでかえろう	作・絵 間瀬なおかた		ひさかたチャイルド
やこうれっしゃ	西村繁男 さく		福音館書店

けんか でごっつん・頭にきてプンプンの日に読む絵本

あのときすきになったよ	薫くみこ さく	飯野和好 え	教育画劇
おこる	中川ひろたか 作	長谷川義史 絵	金の星社
きみなんか だいきらいさ	ジャニス・メイ・ユードリー ぶん モーリス・センダック え　こだまともこ やく		冨山房
けんかのきもち	柴田愛子 文	伊藤秀男 絵	ポプラ社
はせがわくん きらいや	長谷川集平		復刊ドットコム
ぼくはおこった	ハーウィン・オラム	きたむら さとし	評論社
まつげの海のひこうせん	山下明生 作	杉浦範茂 絵	偕成社

ひとり・ひとりぼっち もたまにはいいさ

あかがいちばん	キャシー・スティンスン ぶん ロビン・ベアード・ルイス え　ふしみ みさを やく		ほるぷ出版
いつかはきっと….	シャーロット・ゾロトフ ぶん アーノルド・ローベル え やがわ すみこ やく		ほるぷ出版
こすずめのぼうけん	ルース・エインズワース 作 石井桃子 訳　堀内誠一 画		福音館書店
はじめてのおつかい	筒井頼子 さく	林 明子 え	福音館書店
はじめてのおるすばん	しみず みちを 作	山本まつ子 絵	岩崎書店
ぼく、ひとりでいけるよ	リリアン・ムーア 作 ジョーヤ・フィアメンギ 絵　神宮輝夫 訳		偕成社
まっくろネリノ	ヘルガ＝ガルラー さく やがわ すみこ やく		偕成社

死 の向こうへ歩いてゆく

ずーっと ずっと だいすきだよ	ハンス・ウィルヘルム えとぶん 久山太市 やく		評論社
あひる	石川えりこ		くもん出版
おじいちゃん	梅田俊作 梅田佳子 作・絵		ポプラ社
おじいちゃんが おばけになったわけ	キム・フォップス・オーカソン 文 エヴァ・エリクソン 絵　菱木晃子 訳		あすなろ書房
この本をかくして	マーガレット・ワイルド 文 フレヤ・ブラックウッド 絵　アーサー・ビナード 訳		岩崎書店
ぶたばあちゃん	マーガレット・ワイルド 文 ロン・ブルックス 絵　今村葦子 訳		あすなろ書房

平和ってどういうことなんだろうね

希望の牧場	森 絵都 作	吉田尚令 絵	岩崎書店
せかいいち うつくしい ぼくの村	小林 豊		ポプラ社
だれのこどもも ころさせない	西郷南海子 浜田桂子	協力 安保関連法に反 対するママの会	かもがわ出版
ドームがたり	アーサー・ビナード 作 スズキコージ 画		玉川大学出版部
プーさんとであった日	リンジー・マティック ぶん ソフィー・ブラッコール え 山口文生 やく		評論社
ぼくのこえが きこえますか	田島征三		童心社
やめて！	デイビッド・マクフェイル 作・絵 柳田邦男 訳		徳間書店

なぜ？ 知りたい！ 科学するこころ

おばあちゃんは 木になった	大西暢夫		ポプラ社
かがみのえほん ふしぎなにじ	わたなべ ちなつ さく		福音館書店
ひがんばな	甲斐信枝 さく		福音館書店
ひとしずくの水	ウォルター・ウィック　林田康一 訳		あすなろ書房
ぶたにく	大西暢夫 写真・文		幻冬舎エデュケーション
まほうのコップ	藤田千枝 原案　川島敏生 写真 長谷川摂子 文		福音館書店
ライフタイム 　いきものたちの 　一生と数字	ローラ・M・シェーファー ぶん クリストファー・サイラス・ニール え 福岡伸一 やく		ポプラ社

おおきく おおきく おおきくなあれ

脚本・絵 まついのりこ　　童心社

おおきくなっていくことの喜びが、実感として
伝わってきます。紙芝居の定番。

しんかんせんは はやい

脚本 中川ひろたか
絵 和歌山静子　　　　　童心社

「しんかんせんは　はやい」に始まり、「はやい
は…」と、どんどんことばがつながっていきま
す。子どもも、そのつながりを想像して、いっ
しょに語りの輪をたどれます。

太陽はどこからでるの

作 チヨン・ヒエウ
企画 ベトナムの紙芝居普及を支援する会　童心社

太陽の出どころをつきとめる動物たちの物語。
どうどうとした媚びない作品づくりにひきつけ
られていきます。日本とベトナムの紙芝居交流
のなかで生まれたベトナムの紙芝居です。

でんしゃがくるよ

脚本・絵 とよたかずひこ　　童心社

やってくる電車をお父さんと2人で待ち、そし
て通り過ぎるのを見送る。それだけの時間が、
なんと純粋で胸にしみることか。「かんかんか
ん…」の音がきれいに響きます。

のーびた のびた

脚本・絵 福田岩緒　　　　　童心社

ぞうさん、おさるさん、カメレオンさん…みん
なひとつずつごじまんの「のび」がある。その
「のび」をテンポよく見守りながら、ちいさい人
の心ものびのびします。

ばけものでら

脚本 水谷章三 絵 宮本忠夫　童心社

お坊さんとばけものたちとの豪快なやりとり
のおもしろさが、のびやかな絵でたっぷり伝
わってきます。

ひもかとおもったら

古川タク 作・画　　　　　教育画劇

いつどんな場所で演じても、意表をつく視覚マ
ジックに心が吸いつけられます

ひよこちゃん

原作 チュコフスキー
脚本 小林純一 絵 二俣英五郎　童心社

ひよこちゃんが出会っただれもが、ちゃんと誇
り高い姿を見せます。「ほら、こんなふうにね」。
このことばが、ひよこちゃんをひよこちゃんら
しく育てます。

みんなでぽん!

脚本・絵 まついのりこ　　童心社

こびととロボットとおばけ、それぞれに、子ど
も、文明、未知なるものの存在が託されている
ように思えます。「みんなで」の意味が胸に響
きます。

ワン ワン ワン

脚本・絵 とよた かずひこ　童心社

やわらかな絵と、くり返されるわかりやすいこ
とばの響きに、乳幼児が安心感に包まれます。

リスト 1－5章で紹介した本

書名	著者名	出版社	ページ
あ			
あさになったのでまどをあけますよ	荒井良二	偕成社	68
アリのさんぽ	こしだミカ	架空社	66
アンジュール　ある犬の物語	ガブリエル・バンサン	BL出版	60
アンナの赤いオーバー	ハリエット・ジーフェルト ぶん　アニタ・ローベル え　松川真弓 やく	評論社	77
いつもちこくのおとこのこ ──ジョン・パトリック・ノーマン・マクヘネシー	ジョン・バーニンガム さく　たにかわしゅんたろう やく	あかね書房	43
うたがみえる きこえるよ	エリック＝カール 作	偕成社	57,58
うみのいえ	大塚幸彦	岩波書店	71
おじいちゃんのおじいちゃんの おじいちゃんのおじいちゃん	長谷川義史	BL出版	55,56
落ち葉	平山和子 文と絵　平山英三 構成と写真	福音館書店	73
おっぱい	みやにしたつや 作・絵	鈴木出版	53
おなかのすくさんぽ	かたやまけん	福音館書店	70
か			
かぜのこもりうた	くどうなおこ 詩　あべ弘士 絵	童話屋	74
語ってあげてよ! 子どもたちに	マーガレット・リード・マクドナルド 著　佐藤凉子 訳	編書房	18
がたんごとんがたんごとん	安西水丸 さく	福音館書店	26,27,33
がぶりもぐもぐ	ミック・マニングとブリタ・グランストローム 作　藤田千枝 訳	岩波書店	63
からすのパンやさん	かこさとし	偕成社	42,52
きつねのホイティ	シビル・ウェッタシンハ さく　まつおかきょうこ やく	福音館書店	12
木のうた	イエラ・マリ さく	ほるぷ出版	59
木はいいなあ	ユードリイ さく　シーモントえ　さいおんじさちこ やく	偕成社	41
キャベツくん	長新太 文・絵	文研出版	73
きゅうりさんあぶないよ	スズキ コージ	福音館書店	54
きょだいな きょだいな	長谷川摂子 作　降矢なな 絵	福音館書店	74
くっついた	三浦太郎	こぐま社	85
ぐりとぐら	なかがわりえこ と おおむらゆりこ	福音館書店	50
元気がでる詩 3年生	伊藤英治 編　高畠純 絵	理論社	72
げんげと蛙（ジュニア・ポエム双書20）	草野心平 詩　長野ヒデ子 絵	銀の鈴社	65
ことばあそび 4年生	伊藤英治 編　高畠純 絵	理論社	62
ごぶごぶ ごぼごぼ	駒形克己 さく	福音館書店	33,84
さ			
さつまのおいも	中川ひろたか 文　村上康成 絵	童心社	74
さわらせて	みやまつともみ さく	アリス館	35,36,85
三びきのやぎのがらがらどん	マーシャ・ブラウン え　せたていじ やく	福音館書店	24
しきぶとんさん かけぶとんさん まくらさん	高野文子 作・絵	福音館書店	14
しずかなおはなし	サムイル・マルシャーク ぶん　ウラジミル・レーベデフ え　うちだりさこ やく	福音館書店	41
ジャリおじさん	え と ぶん おおたけしんろう	福音館書店	64
十二支のお節料理	川端誠	BL出版	77
しろくまちゃんのほっとけーき	わかやまけん	こぐま社	81
スイミー	レオ＝レオニ　訳 谷川俊太郎	好学社	88
聖なる夜に	ピーター・コリントン	BL出版	76
ぞうくんのさんぽ	なかのひろたか さく・え　なかのまさたか レタリング	福音館書店	88

PROFILE

村中李衣 むらなか・りえ

1958年山口県生まれ。児童文学作家、ノートルダム清心女子大学教授を経て、山口学芸大学客員教授。大学院修了後、慶應大学医学部病院管理学教室にて読書療法の研究に着手。小児病棟の子どもたちと絵本を介したコミュニケーションの可能性について考える。その後0歳から100歳まで、いろいろな場所でいろいろな人との絵本の読みあいを行いながら、児童文学の創作を続ける。

近年は刑務所での絵本を仲立ちとした教育プログラムづくりや、受刑母とその子どもとのコミュニケーションを支える活動を実施。2017年、第1回日本絵本研究賞受賞。

絵本・児童文学の創作に、
『おねいちゃん』1989年、理論社、野間児童文芸賞
『チャーシューの月』2012年、小峰書店、日本児童文学者協会賞
『かあさんのしっぽっぽ』2014年、BL出版、全国学校図書館協議会選定図書
『マレットファン 夢のたねまき』2016年、新日本出版社
『こくん』絵：石川えりこ、2019年、童心社、第7回JBBY賞バリアフリー図書の部門
創作以外の著書に、
『子どもと絵本をよみあう』2002年、ぶどう社
『こころのほつれ、なおし屋さん。』2004年、クレヨンハウス
『感じあう伝えあう ワークで学ぶ児童文化』2015年、金子書房
『哀しみを得る 看取りの生き方レッスン』2017年、かもがわ出版
『女性受刑者とわが子をつなぐ絵本の読みあい』2021年、かもがわ出版
『立ちあう保育 だから「こぐま」にいる』相沢和恵と共著、2024年、ミズノ兎ブックス

●コラム執筆者
横山眞佐子 子どもの本専門店「こどもの広場」代表
原田洋子 すこやか秋穂っ子プロジェクト実行委員会会長
冨吉正一郎 熊本・水俣市立図書館
●編集実務協力
飯野愛実 ノートルダム清心女子大学学生
野村有子 ノートルダム清心女子大学学生

●ブックガイド作成協力
石原恵以子 絵本専門士
平田千悦子 保育士、沖縄県子どもの本研究会
藤井教子 学校図書館司書
藤岡真佐子 大阪・高石市学校図書ボランティア
村上紗智子 山口・山陽小野田市立中央図書館司書

保育をゆたかに
絵本でコミュニケーション

2018年5月5日 第1刷発行
2024年4月1日 第4刷発行

著者●村中李衣

発行者●竹村正治
発行所●株式会社 かもがわ出版
　　　　〒602-8119 京都市上京区堀川通出水西入
　　　　TEL 075-432-2868 FAX 075-432-2869
　　　　振替 01010-5-12436
　　　　ホームページ http://www.kamogawa.co.jp
印刷所●シナノ書籍印刷株式会社
ISBN 978-4-7803-0955-3 C0037